名师工程
创新课堂系列

陈忠云 著

乐教语文

西南大学出版社
国家一级出版社 全国百佳图书出版单位

图书在版编目（CIP）数据

乐教语文 / 陈忠云著 . -- 重庆 : 西南大学出版社，
2022.6
（名师工程）
ISBN 978-7-5697-1538-5

Ⅰ.①乐… Ⅱ.①陈… Ⅲ.①小学语文课—教学研究
Ⅳ.① G623.202

中国版本图书馆 CIP 数据核字 (2022) 第 099977 号

乐教语文
LE JIAO YUWEN

陈忠云 著

责任编辑	何雨婷
责任校对	王玉竹
出版策划	陈　涌
特约编辑	姚良俊
装帧设计	双安文化　向加明
出版发行	西南大学出版社（原西南师范大学出版社）
地　　址	重庆市北碚区天生路2号
邮　　编	400715
经　　销	全国新华书店
印　　刷	重庆市开源印务有限公司
幅面尺寸	170mm×240mm
印　　张	16.5
字　　数	260千字
版　　次	2022年6月　第1版
印　　次	2022年6月　第1次印刷
书　　号	ISBN 978-7-5697-1538-5
定　　价	68.00元

序言：热爱，让他勇往直前

陕西师范大学附属小学 王林波

2012年春，陕西省第三届小学语文课堂教学观摩研讨会在西安举行，组委会邀请我做现场点评。那次大赛参赛选手不少，但让我印象深刻的不多。那次比赛，我记住了"陈忠云"这个名字。忠云个头不高，却气场十足，在会场上赢得了多次热烈的掌声。我想，这一定与他精准的教材解读有关，与他机智灵活的课堂应对有关。

忠云很勤奋，也很谦逊。2018年秋，省小语会推选忠云参加全国第三届小学青年教师语文教学展示与观摩活动，他打电话给我，希望我能够指导指导他。那段时间我确实忙乱，难以脱身，于是，他和安康市教研室的老师从安康来到西安，在我所在的陕西师范大学附属小学试讲并研讨。看到他投入的神情和专注的眼神，我认定了，这是一个热爱语文的小伙子。

全国第三届小学青年教师语文教学展示与观摩活动如期举行，他执教的《囊萤夜读》深受好评，他机智幽默、侃侃而谈，让孩子们第一次学文言文就兴致盎然。全国大赛结束后，他的《囊萤夜读》又在云南、河南开讲。每一次上课，他都"圈粉"无数。最让我感动是，他把参加全国赛教的经历用朴实的语言记录了下来，足足三万余字。在这本书中，当你读到《一节"国赛课"的成长记》时，一定能身临其境，感同身受。他的成长记录也一定会带给你深深的思考。

2019年春，我成立了教育部"国培计划"首期名师领航工作室，忠云申请加入，我欣然接受。从安康到西安要差不多四个小时的车程，不过，8：30分工作室的研讨活动开始时，忠云早已进入会场。早起，车程颠簸，这一切对忠云没有丝毫的影响——交流研讨时，忠云依然神采飞扬。

2019年秋，"名师新课堂"邀请我的团队去上课，我带着忠云前往广西。他没有让我失望，其执教的《牛和鹅》一课，以"批注"为主线，在学习阅读方法的同时，关注语言文字的运用，课堂扎实又不失灵气。他憨厚的笑容，机智的评价，隽秀的板书，独特的文本解读，让我再一次感受到了他拔节似的成长。翻看手边的书稿，书中有《牛和鹅》的教学实录，仿佛把我一下子又带回教学现场。

2020年秋，"名师之路"开展"快乐阅读吧"的主题教学研讨会，有位名师因为疫情不能到场，组委会的老师急坏了，让我推荐一位老师来救场。这可是整本书阅读课，推荐谁呢？我抱着试试的态度给忠云发了一条微信，没想到他立刻就回复三个字——"没问题"。忠云从来没有上过这类型的公开课，而且不到一周的准备时间，他能完成任务吗？后来，他用实际行动证明了我的担忧有点儿多余。他执教了二年级的"快乐读书吧"《读读童话故事》。课堂上，他创设童话剧情景，通过猜测、想象的阅读方法让孩子们进入童话世界——童真的孩子，童趣的语言，让整节课呈现出轻松快乐的氛围。书中《快乐阅读吧——孩子"悦读"的开始》一文中，阐释了他培养孩子课外阅读习惯的具体做法。不仅是公开课，在平日的教学中，忠云也特别重视培养学生的课外阅读习惯，他用近8年时间给孩子们读"种子书"，他所带的班级，孩子们个个嗜书如命。书中的《阅读，让我们彼此牵挂——写给与我一起成长五年的学生》一文让我印象深刻，这是一封他写给孩子们的书信，从一年级到五年级，是书把师生之间的情感粘连，是书让他们难舍难分。

我喜欢忠云善于挑战的个性，更喜欢他的笔耕不辍。我的团队经常会收到期刊的约稿，每次忠云的稿件总是第一个发来。他出笔快，思考深，行文规范，主旨突出。正因如此，便有了这本《乐教语文》专著。

而今，忠云做了副校长，但他依然坚守教学一线，给孩子们上充满童趣的语文课。看到忠云的成长，我欣喜万分！《乐教语文》是忠云成长的见证，也是他教学研究的成果，即将结集出版并邀我作序，我欣然应允。我期待，为语文而生、为语文而痴、为语文而狂的他会走得更远。

自序：教学生喜欢的语文

我喜欢语文，正如学生喜欢我的语文课。

我为什么喜欢语文？没有特殊的原因。只是语文教的就是我们的母语，喜欢便是自然。

当然，也源于我的语文老师对我的启蒙。我的小学语文老师，他是民办教师，没有高深的理论，他教我学语文就是学做人。我的初中语文老师，他很年轻，他教我的语文就是文字中的激情飞扬。上了师范，我的语文老师告诉我，语能达意，文以载道。

走上工作岗位，我没有丝毫犹豫，选择了做一名语文老师！

永远不会忘记 2003 年那个夏天，初到学校，校长问我想上什么课，我直言道："我喜欢教语文！"

直到后来，谈及这件事，也有人好言告诫："哎，你怎么选择语文？"

言外之意，对语文有排斥，或者认为教语文难，教好语文不容易。可以理解，语文学科相对来说综合性较强，难以驾驭，那是事实。

从事语文教学，我发现真正喜欢语文的学生不多，究其原因，语文很抽象，语文很深奥，语文很麻烦……

而我就喜欢明知山有虎，偏向虎山行。不敢说扭转乾坤，但可以在自己的课堂上进行一些尝试，让学生喜欢学语文。让学生喜欢语文，就像喜欢自己的家，就像喜欢自己的文具，就像喜欢自己的爸爸妈妈那样。

也许有语文老师质疑，谈何容易啊！是的，谈何容易啊！你布置山一样的作业，你提出遥不可及的要求，你摆出一副威严的架势……

若是这样,想让学生爱上语文真的太难。

经常在语文课堂上,我们都会听到这样的声音:"这个词什么意思?""这句话怎么理解?""这篇文章是用什么方法写的?"还有同学们都不愿听到的声音:"这节课后,我给大家布置的作业是……"

如果你是学生,听到这些,你是否会胆怯,是否会逃避,是否还有一些厌恶呢?你赋予了课堂太多的期望,换来的却往往是失望。因为在课堂上,你不是将军,不能指挥"千军万马";在课堂上,你不是导演,不能统筹全剧。

在课堂上,教师既给学生约束,又给足够的空间,还给学生成长的时间,要相信每个孩子。

我一直认为,站在学生的角度思考并设计语文教学,就能让学生喜欢语文。

学生喜欢的语文,没有冗繁的、重复的作业。

学生喜欢的语文,没有套路的、机械的流程。

学生喜欢的语文,没有深沉的、呆滞的氛围。

……

学生喜欢的语文,是什么样子?如果用画笔画出来,应该是五颜六色的,应该是不拘一格的,应该是形态各异的。

从教语文起,我就想教学生喜欢的语文。让学生喜欢语文,我必须自己超喜欢语文。如果我的语文课生动有趣,学生不喜欢听都难;如果我的语文课似奥运会那样紧张刺激,学生不兴奋都难;如果我的语文课似游戏那样吸引人,学生不积极互动都难。

这么多年,我是这样想的,也是这么做的。尽管离我想做的还有差距,但我在这样努力着。

追求快乐、自由的语文课堂,必须把握好度,然而这样微妙的度的把握取决于教师自身的能力。

过犹不及,教学生喜欢的语文,不是放任自流,而是你喜欢,我也喜欢。

目 录

序言：热爱，让他勇往直前…………………… 1
自序：教学生喜欢的语文………………………… 3

第一章 乐教语文
Le jiao Yuwen

快乐语文　乐哉人生………………………… 003
眼里有儿童　教学更有趣…………………… 023
生活是学习语文的一片天…………………… 028
阅读教学的"十美"………………………… 033
快乐习作快乐教……………………………… 039
快乐读书吧
　　——孩子"悦读"的开始 ……………… 045
古诗教学，也可以轻装上阵
　　——以统编小学语文六年级下册《古诗三首》
之《石灰吟》为例………………………… 050
让每一个儿童成为读者……………………… 055

第二章 乐于思考
Le yu Sikao

问题出现时即教学时………………………… 063
从一篇文到一本书…………………………… 067

习作指导随时发生………………………………… 071
改变，从教学形式开始
　　——"1+X"群文阅读教学《燕子》教学评析
与思考…………………………………………… 074
呵护生成，那是课堂的生命……………………… 079
旧文也能新教……………………………………… 083
课堂评价语言的"魔力"………………………… 087
阅读，让我们彼此牵挂
　　——写给与我一起成长五年的学生 …… 092
在批注阅读中独享"悦读"滋味
　　——统编小学语文四年级上册《牛和鹅》
教学思考………………………………………… 099
从"呼鸡唤狗"到"呼风唤雨"………………… 102
童年，有书相伴…………………………………… 105
阅读策略单元教学的路在何方…………………… 110
这节作文课在操场上……………………………… 114
一节语文味儿十足的数学课……………………… 118

第三章
乐行课堂
Le xing Ketang

紧扣单元要素　育人润物无声
　　——统编小学语文四年级下册《囊萤夜读》
教学实录………………………………………… 123
以"批注"为线　品"言语"之味
　　——统编小学语文四年级上册《牛和鹅》
教学实录………………………………………… 130

换种方式教古诗，挺好玩
　　——统编小学语文四年级下册《芙蓉楼送辛渐》
教学实录……………………………………………… 136
循序渐进设情境　多元互动练表达
　　——人教版小学语文三年级上册《夸夸我的同
学》教学实录…………………………………… 141
习作路上，需要扶孩子一把
　　——统编小学语文五年级下册《漫画的启示》
教学实录……………………………………… 148
创编故事，打开童话的大门
　　——统编小学语文四年级下册《宝葫芦的秘密
（节选）》课堂实录……………………………… 153
一本童书，让孩子爱上阅读
　　——《一只想飞的猫》教学实录 ……… 162

第四章
乐在读书
Le zai Dushu

读书的味道………………………………………… 173
"语用"课堂　妙趣横溢
　　——读王林波《指向语用　识体而教》
有感 ………………………………………… 176
为了挚爱的语文
　　——读薛法根《做一个大写的教师》
有感 ………………………………………… 182
做生命的事业
　　——读于漪《点亮生命灯火》有感 …… 188

文化，不止写在书上
——读余秋雨《文化苦旅》有感 ……… 193

第五章
乐享成长
Le xiang
Chengzhang

参加一节"国赛课"的成长记………………… 199
做一名有"梦"的语文教师………………… 229
因为师父　爱上语文………………………… 236
老师，请不要放下你那支毛笔……………… 242

后记·因为喜欢……………………………… 249

第一章 乐教语文
Le jiao Yuwen

"知之者不如好之者,好之者不如乐之者。"如果你在语文教学中找到了乐趣,那么语文将带给你无限的快乐。做一名快乐的语文教师,引导学生走进语文大门,踏上语文学习的阳光大道,学生就能在学习语文的乐趣中成长、成人、成才。

快乐语文　乐哉人生

如果没有遇见语文，也许就没有一路成长的美好。18 年前的那个暑假，我从师范学校毕业，被学校选去临时代课，校长问我："小伙子，你能教什么？"我想都没想就回答："我喜欢教语文。"校长把我上下打量一番，一边记录一边说道："那就安排你教语文吧！"从此，我与小学语文就结下了不解之缘。

一、快乐语文的缘起——乐教决定乐学

走上工作岗位，教了语文这门课我才知道"语文好教，教好不容易"！中华人民共和国成立以来，语文教学的改革也从未停下过脚步。20 世纪六七十年代，语文强调"工具性"；到 80 年代，语文强调"人文性"；21 世纪初，语文强调"工具性与人文性的统一"；到今天使用的统编语文教材则强调"人文性与语文要素的双线并行"。一路走来，很多语文老师感到费解，甚至不知如何教才算好，所以我们听到一线教师戏称："上辈子得罪过神，这辈子教语文。"虽然是玩笑话，但的确反映了一线教师的心声。如果教师苦不堪言，自然就无法达到理想的教学效果，学生也将厌烦语文这门学科。

纵观我们的历史，从来没有哪个时代像我们这个时代这样重视外语，外来语言竟能和我们的母语平分秋色，甚至占据上风。当然，我不是歧视外语，但我认为首先要学好、用好母语，然后再学习外语。可如今，幼儿

园都以"双语课程"作为噱头,很多学生连中国话都说不顺溜,竟能整出几句外语来。高考恢复初期,流行一句话叫"学好数理化,走遍天下都不怕",言外之意是数理化重要,在语文学习上就不要投入那么多精力了。但语文学科是学习其他学科的基础,基础不牢,一切都是幻想。成为语文教师后,我发现了一个奇怪的现象——班里所有学生几乎每天回家都是先完成数学家庭作业,然后再完成语文家庭作业。要是高年级有作文任务,一篇作文能耗费学生几个小时。不少家长更是不愿意辅导孩子学语文。于是,语文成了学生的学习负担和家长的烦恼。我在学校曾对学生做过这样一个调查:请给最喜欢的科目排序。调查结果显示,只有10%的学生把语文排在了第一位。所以从那一刻起,我就下决心要改变现状,要让学生感受到学语文的快乐。

语文不仅是文字,是文学,更是文化。国家也意识到国民的语文素养在下降,所以越来越重视语文课程,特别把语文、历史、道德与法治三科教材进行了统编。语文教材大变革,崇洋媚外的文章少了,中国文化的味道浓了,我们迎来中国语文的新时代。作为一名语文教师,我深感责任重大,同时也倍感自豪。要把语文教好,要让学生爱上语文,教师的眼界、思想、认知至关重要。

(一) 理念是乐教的源泉

一个人的思想决定其认知的高度,要教好语文这门课程,教师就要喜欢语文,从中找到乐趣。《礼记·学记》曰:"善歌者,使人继其声;善教者,使人继其志。"一名语文教师对语文喜爱的程度决定了学生对语文喜爱的程度。面对复杂的社会环境,面对各种凡尘俗事,如何才能调整我们的状态,静心研究语文,研究教学?我们不妨用经典浸润自己的心灵。孔子在《论语·学而》中说:"子曰:'学而时习之,不亦乐乎!'"我们在引导学生学习的同时,自己也在学习。只要在学习,就会成长,就应该感到喜悦。孟子曰:"君子有三乐,而王天下不与存焉。父母俱存,兄弟无故,一乐也;仰不愧于天,俯不怍于人,二乐也;得天下英才而教育之,三乐也。"

我们是语文教师，我们就应该有"得天下英才而教育之，何乐而不为"的胸怀。家长把他们的宝贝，国家把未来的栋梁交给我们，这是何等的信任啊！我们传道、授业、解惑、育人，这是无比幸福的职业，其乐无穷。

（二）榜样是乐教的力量

回顾自己在语文教学中总是乐此不疲，有三个人对我的影响极大。第一位是我所在学校的一名语文教师，如今她已经退休了，但是无论何时何地我都尊她为"师父"。她手把手指导我的语文教学，虽然没有高深的理论，但是句句都是经过实践检验过的金点子。我只听过她的一节常态课，便终生难忘。我记得她上《十里长街送总理》这篇课文，由于课文描写的时代与学生有距离，学生学习起来有一定的难度。但是在这节课上，她充满激情的讲解，声情并茂的朗读，和蔼可亲的教态，把学生，把自己和文本融为一体，似磁石一样吸引着学生。学生的表达那么动情，思考那么深刻。一节课，学生在自由、想象、表达中感受到了学习语文的乐趣，教师教得也轻松自如，就连坐在教室后面听课的我也被深深吸引，忘乎所以，沉浸在美妙的课堂中了。从此之后，我就以她为榜样，用课堂来吸引学生，让学生在学习语文中尝到快乐的滋味。第二位是苏霍姆林斯基，我最喜欢的一本书就是《给老师的100条建议》，其中有这样有一句话："只有让学生感到快乐的学习对于学生才有意义，否则一切教育活动只会扼杀孩子们天性的追求。"如何才能让学生在语文学习中感到快乐？苏霍姆林斯基引导学生广泛阅读，培养其读书的习惯，用"读书"这根风筝线，让孩子们遨游在语文的天空，享受童年的快乐。第三位是于漪老师，她虽然是中学语文教师，但是她对语文的理解和追求，让我发自肺腑地敬佩。她以"与其说我做了一辈子教师，不如说我一辈子学做教师"而自谦，她把语文教育与学生的成长教育紧密结合，相互连接。

（三）传承是乐教的责任

中国文化源远流长、历史悠久，优秀的传统文化是中华民族挺起脊梁、屹立于世界的精神支柱，而语文课程的基本特点就是"语文是重要的交际工具，是人类文化的重要组成部分，是工具性与人文性的统一"。语文教师要站在传承和弘扬中华优秀传统文化的高度来上好语文课，势必先从自身做起，读圣贤之书，修君子之为。我常常用张载《横渠语录》的名言"为天地立心，为生民立命，为往圣继绝学，为万世开太平"激励自己。能为国家和民族做力所能及的事情，这是历史赋予我的光荣使命。

（四）育人是乐教的终极

世界四大圣哲之一的孔子在《论语·述而》中说："学而不厌，诲人不倦。"意思是做人要不断地学习，要不满足地学习，才能找到乐趣；教育学生要有耐心，要做到从不厌倦。圣哲孔子能做到"学而不厌"，是因为他有三千弟子，他必须不断地学习才能满足弟子们的学习需求。他"诲人不倦"，是因为三千弟子有七十二贤人，这是作为师者的成就；看着弟子们学习孝道，学习仁道，学习礼道，各有成就，这是他最大的满足。作为教师，我们从事的是"以人育人"的生命工程，仅仅传播书本知识是远远不够的。我们的教育对象是一个个儿童，他们是祖国和民族的未来。我们作为孩子们灵魂的工程师，享受着"桃李不言，下自成蹊"的幸福。

二、快乐语文的探索——策略决定效果

（一）修身养性——做学生喜欢的老师

教学经验告诉我们，学生喜欢哪位老师，则喜欢那位老师所教的学科。如何才能成为学生喜欢的老师？汉代韩婴在《韩诗外传》中讲道："智如泉源，行可以为表仪者，人师也。"正所谓"经师易求，人师难得"，要成为人师一定要德才兼备，自己的思想言行要能给孩子做榜样。学生都比较喜欢性格温柔、善解人意的老师。学生毕竟是孩子，难免在学习和做作业的过程中出错。还有的学生接受能力差，可能在老师讲解后仍一错再错。面对这种情况，教师如果耐不住性子，暴跳如雷，结果就会两败俱伤——学

生慢慢疏远你,而你也元气大伤。我也遇到过这种情况,也曾经像这样处理,但是后来发现这样的方法根本没有效果,还会起到反作用。于是我调整思路：首先是要有耐心,孩子学习有困难属于正常现象；其次是要有教育的智慧,所谓"十年树木,百年树人",孩子的成长是有规律的,不能操之过急,需要静待花开。如果自己能把自己说服,你就会发现教育孩子的方式也会发生变化。我遇到过调皮的和学习有困难的学生,但只要让他们喜欢上你,就一定会喜欢语文这门学科,将来到了中学,乃至大学,他们的进步总是越来越大。

(二) 练就技能,做学生崇拜的偶像

当一名语文老师,一定要"十八般武艺,样样精通"。我经常思考,学生为什么喜欢周杰伦,这其中一定有道理。原来,学生不仅仅是喜欢他的帅气,还喜欢他的歌曲,尤其是歌词,有浓浓的中国风。由此看来,一名语文教师,要成为学生崇拜的偶像,必须要了解学生的喜好,并且要掌握多项技能。小学语文教师是孩子学习语文的启蒙老师,第一项技能就是讲好普通话。一口标准的普通话就像语文教师的名片一样,通过声音吸引学生的注意力。上语文课经常要给学生范读,用优美、生动、有情感的朗读感染学生就是一堂好语文课的基础。我上师范时,有幸当了3年的播音员,掌握了发声的技巧和朗读的方法,也识得了大量的生字。每逢遇到生僻字时,不用查字典我就能准确读出字音,为此,孩子们便会向我投来敬佩的目光。第二项技能就是把字写好。语文教师的字就是孩子学习模仿的最好的字帖,学生的字写得怎么样,关键在语文教师。上课的板书,给学生作文的评语,作业本上的文字评价,处处都是老师的字,处处都在为学生写字做示范。有一次我借班上课,上课时那群孩子见不是本班的语文老师上课,过于兴奋,我已经开始讲课了,还有几个孩子在叽叽喳喳,交头接耳。我不能为此中断教学,于是继续上课。当我在黑板上板书课题时,教室里顿时安静下来了。我隐隐约约听到赞叹声："哇,这位老师的字写得真好看啊!"从那一刻起,学生就被课堂深深吸引,后面的教学便水到渠成。我记得那堂课上的是《为

中华之崛起而读书》。从师范学校毕业直到现在，我从未停止过练字，不为当书法家，只为对得起学生，为学生做好示范。第三项技能就是把文章写好。语文教师如果自己不动笔写文章，怎能教好学生写作文？作为语文教师，我们应该经常拿起笔杆子，不一定要著书立说、长篇大论，但至少要写写小文章、小随笔。这对于上好语文课百利而无一害。

除此之外，语文教师最好还能修炼一些"非语文技能"，比如掌握一项体育运动，会一件乐器，唱一首歌谣，表演一个魔术，等等，同样可以让自己成为学生崇拜的偶像。

(三) 研究儿童——做学生知心的朋友

做小学语文教师，我们必须清楚一个问题，我们的教育对象是一个个未满12周岁的儿童。儿童的特点是什么？天真、烂漫、淘气、可爱，一个人最美好的记忆莫过于童年时光。著名儿童文学作家曹文轩曾说，他的童年生活给了他无限的创作灵感。可见童年时光多么珍贵，而美好的童年又怎能离开伙伴和老师呢？

我读过一个故事，给我很大的启示。一位叫安娜的女孩儿因为化疗而失去了头发，她担心光着头去上课而难堪，她妈妈给她买了一顶帽子，但是天气又不冷，她担心因为自己一人戴帽子显得更抢眼。她的班主任知道这件事后，向全班宣布："学校是一个有特色的地方，穿着也相应有特色，从下周起，每位同学戴一顶新奇的帽子上学。"从此，安娜克服了心理障碍，快乐、安心地去上学了。这位班主任的善良举动告诉我们，她懂得儿童心理，知道孩子担心什么，喜欢什么。要了解儿童，必须走近儿童。我喜欢课间留在教室里，看看学生玩游戏，听听学生聊天，偶尔还会参与其中。时间长了，学生与我就没有隔阂了，上课时我是老师，下课时我是他们的朋友。于是，孩子们有烦心事了会主动找我诉说，有高兴的事也会与我一起分享。我教过一个学生，小时候因为高热不退导致后来说话有些口齿不清，他有些自卑，不愿意发言，担心被同学们嘲笑。面对这样的情况，我上口语交际《夸夸我的同学》时，特意以他为例，让同学们夸夸他。同学夸他诚实、善良、热心、勤劳……借此教学机会,同学们全面地了解了他,不再嘲笑他"口吃",他慢慢地也有了自信。

我曾经在一所学校看到一条标语,至今仍记忆犹新:"和孩子说话,请蹲下身子。"这是对儿童的理解与尊重。我时刻提醒自己要研究学生,教学才能被学生所接受。对此,我写了一篇文章《语文课堂上的平等对话》,勉励自己克服"师道尊严"的影响,与儿童平等对话,真心交往。如此一来,在我的语文课堂上学生没有了畏惧,没有了负担,学习起来自然身心愉快。

(四)爱上阅读——做学生心灵的读者

一个不阅读的人只有一种人生,而一个热爱阅读的人将有千种人生。作为语文教师,我们一定要博览群书。朱永新老师说,一个人的精神发育史就是他的阅读史。这句话我深有体会。前些年,我的发展视角只关注把每节课上好,把作业批改好,忽略了通过阅读来提升自己的学识与修养。当自己语文课的教学水平停滞不前时,我才重新拾起书本开始阅读。阅读,一旦开始便不易放下。

我教过的班级,最短的一年时间,最长的 5 年时间。相处时间短的班级,学生对于我的语文教学还有一些新鲜感,当有些厌倦时就小学毕业了或者更换老师了。相处时间长的班级,我就得绞尽脑汁,变着花样给孩子们调剂课堂,否则孩子们必然厌倦课堂。5 年时间,从一年级到五年级,我之所以让孩子们对我的语文课有期待,除了我不断地学习,调整教学方法以外,有一个重要的法宝就是用课外阅读进行调剂,也正是课外阅读拉近了我们的距离,让学生一直期待着我的语文课堂。对此,我在和学生分别之际,将不舍与寄托化作一篇文字《阅读,让我们彼此牵挂——写给与我一起成长五年的学生》。

要让学生爱上阅读,教师必须先爱上阅读。记得一次我给学生布置回家读《三国演义》,学生都不怎么感兴趣。于是,我就先读,每读一个故事,第二天就在语文课堂上回味一番。学生们听着我的分享,慢慢觉得《三国演义》挺有趣,不到两周,人人拿着《三国演义》读。课间,同学们都不追逐打闹了,而是聊起了"三国"。为了激发学生读书的兴趣，从 2010 年开始，我发起了"我是朗读者"活动，每学期我都会选择一本"种子书"，每节语文课我都会给孩子们读上 5 ~ 10 分钟，直到现在我还在坚持，因为这的的确确让学生爱上了阅读。同时，我每学期召开一次读书交流会，每周选一名学生进行好书推荐，每天分享一条读书名言。我的坚持也得到了验证，统编教材特别强调读书，增加"和大人一起读""快乐读书吧""名著单元"等，其目的就是让孩子好读书，读好书。统编教材总主编温儒敏先生说："抓住读书这个'牛鼻子'，把学生被应试教育败坏的胃口调过来。"实践证明，读书不仅能提高学生学习语文的兴趣，更能把学生带入一个充满乐趣的世界。

（五）开展活动——做学生最佳的配角

《义务教育语文课程标准（2011 年版）》指出：语文课程是一门学习语言文字运用的综合性、实践性课程。因此，教师的视角不能只停留在把语文课上好的层面，不能时时当主角，还应该开展丰富多样的实践活动，引导学生在实践活动中运用、交流，其中的乐趣远远超过传统意义的上课。在活动中让学生人人当主角，教师只须做好服务，当好配角。一是充分利用好教材开展实践活动。事实上，有很多语文教师对教材中的实践活动不够重视，也不知道如何组织，缺乏探索精神。比如口语交际的教学内容，如果设计得好，学生通过模拟情景进行语言表达，不仅能达到训练效果，而且还能让学生体验到学习语言的快乐。我现在还记得曾给学生上过的口语交际课《劝说》，我扮演爱抽烟的父亲，让孩子们扮演子女来劝我。同学们在模拟中学会了"动之以情，晓之以理"的表达方法，更重要的是课堂上的阵阵笑声让学生体验到了快乐的语文和学语文的快乐。我曾组织过"开卷有益与开卷未必有益"的辩论会，就像电视辩论大赛一样，整整用了两节课。我还组织过学生完成演讲稿后就立马开展"班级演讲大赛"等一些实践活动。二是立足学校实际开展必要的实践活动。学校组织的活动尽量鼓励学生积极参加，比如少先队干部竞选，孩子们自己写竞选稿，做海报，经历一次竞选的价值远远高于上几节课。学习写景物描写的作文时，我会带着孩子们走进学校的花园，一边讲解一边引导学生学习观察的方法；学习写状物的文章时，我会带着学生走进学校的劳技展厅，那里有全校学生的手工制作，同学们亲眼所见后便能下笔如神。三是开展学习分享活动，培养学生的语文综合素养。我把班里所有学生分成10个组，每周开展一次学习分享，分享内容可以是最近的学习收获，可以是读书感悟，可以是学习方法，可以是好书推荐，等等。人人都有机会，但需要提前准备，站在讲台上向全班进行汇报。长此以往，学生们胆量大了，表达更自信了。一次分享就是一次成长，他们慢慢也体会到分享的快乐。

（六）减少刷题——做学生成长的知己

我们面对的是小学生，小学生的特点是爱玩，所以应该让他们在"玩"中学，在"读"中学，关键是培养他们学习的兴趣和习惯。教育的至高境界是"润物无声"，而不是"刷题无数"。而当下，把刷题作为提高教学质量的教师大有人在，毕竟"一考定终身"的思想对家长和教师的影响一时难以被消除。于是从小学开始，就用考试来衡量和评价学生，成绩好就是优秀学生，成绩差就是无用之人，导致很多学生不知道学习为了什么，只知道为了拿个好成绩回家。教育的本质被曲解，学生学习的天分被扼杀，甚至影响其正确价值观的形成。为此，教育部也多次出台关于减轻中小学课业负担的文件，学校大会小会也讲要落实文件精神，但能否落实，关键在于一线教师。如果教师自己也有孩子，且正好也在上小学，那么他们就一定有相同的体会：少给孩子布置一些作业吧。

凡事我们都要用辩证的眼光来审视，可以换位思考：我们是孩子，最开心、最幸福的事是什么？只有读懂孩子，才能给他更好、更适合的教育。语文学科有其独特性，减少刷题并不是没有训练，我们可以把"听说读写"均衡搭配，而不是一味地全部是"写"。我每天只布置一个作业——"读书半小时"，剩余的作业由学习委员根据同学们的意见布置；同时设计分层作业，鼓励学生自主完成一点儿探究性的作业，做到因人而异。语文学习靠刷题刷不出人文大师，刷不出科技人才，更刷不出诺贝尔奖获得者。唯有培养学生多读、深思、勤动笔的习惯,才能使其收获更多。

三、快乐语文的课堂——雕琢决定精美

苏霍姆林斯基曾到一所学校去听课,发现一位教师的课堂精彩至极,学生学习积极性极高,就上前询问用了多长时间备这节课。那位教师回答他用了一辈子。这个案例对我的启示很大。课堂是孩子们学习语文、感受乐趣的阵地,一节充满语文味道和妙趣横生的语文课需要教师用毕生的精力进行精雕细琢,方能温润如玉。快乐的语文课堂并非简单地只让学生喜笑颜开,而是让学生在语文的学习中体验阅读、理解、思考、表达、实践的过程。只有让学生在课堂上有所成长,才是真正的快乐课堂。

(一)紧密联系实际,让课堂充满情趣

语文是综合性课程,其中育人的作用不可忽视。在语文课堂上,我们在引导学生学习理解运用语言文字的同时,还应该把"三观教育"融入其中。只有让学生知道为什么而学,学生才能坚定不移,全力以赴地学。也就是说方向比速度更重要,有了方向,才能到达终点。党的教育方针指导我们要把孩子培养成社会主义合格的接班人,明确了我们的教育目标是为党和国家培养人才。在语文课堂上,我们得让孩子们因为中华民族的璀璨文明而感到自豪,也得让孩子们因为国家曾遭受欺辱而悲愤,要把情感教育无痕地渗透到语文学习中,语文课堂才能充满情趣。所以,语文课堂必须大气豪迈,必须高瞻远瞩,必须与时俱进。我上语文课,喜欢把祖国的发展变化带进课堂。我国第一艘航母辽宁舰成功下水时,神舟十一号载人航天飞船发射成功时……只要是关于祖国母亲走向强大的新闻,我都会第一时间在课堂上跟孩子们分享,孩子们在这样的氛围中学习,浑身充满力量。我上语文课,也喜欢把想象带进课堂。因为没有想象就没有创造。引导学生在童话故事中感受真善美,在古诗词的诵读中感悟中华文化的博大精深,通过想象把文字与文化连接,把学生从文本带入诗意的生活,打开思维空间,

学生便沉醉于课堂。我上语文课，更喜欢把生活带进课堂。生活化的语文课堂学生最容易接受，因为每一个文本都从生活中来，联系生活，用生活的经历去解读文本、学习文本，就会发现语文就在身边，生活即语文。

(二) 关注自主学习，让课堂变成学堂

《义务教育语文课程标准（2011年版）》明确指出，语文教学要倡导"自主、合作、探究"的学习方式。我们必须明确学生才是学习的主体，教师要为学生的学习提供保障和支持。学习的最高境界就是自我觉醒，一旦学生养成自主学习的习惯，便掌握了学习的密码，就能体验到学习的无限趣味，便会乐此不疲。我们都有这样的感受，别人给的东西再好也没有自己的好。所以快乐语文的课堂，一定要给足学生读书的时间，给足学生思考交流的时间，给足学生动笔实践的时间。要少一点儿喧闹，多一点儿安静；要少一点儿急躁，多一点儿等待；要少一点儿讲解，多一点儿自学。同时，谨记语文教学不是走过场，要把学习过程做实在。我的语文教学中，常常为了培养学生自主学习的习惯，两课时的内容用了三四课时，目的是让所有学生展示自主学习的成果。我的课堂不是我做主，而是让学生做主，我常常成为"学生"坐在座位上，学生常常成为"老师"站在讲台上。这样的角色互换同样可以激发学生自主学习的欲望。如果把学生自主学习的欲望激发了，把课堂变成学生的学堂，教师们就能体会到"语文真的不用教，学生也能学"。到这个程度，语文教师自然教得轻松，学生也学得快乐。

(三) 利用多元评价，让课堂演绎精彩

课堂评价是一节课的点睛之笔，常常起到"一石激起千层浪"和"扭转乾坤"的作用。快乐语文的课堂评价应该有这样的特点：

一是评价具有指向性，也就是没有"废话""空话""假话"，每一句评价给予明确的导向，指向学生深度的思考。二是评价语言要幽默。每位教师的语言特点各不相同，我所追求的评价语言就是要诙谐幽默。在冷场时，在苦恼时，一句幽默的评价会缓解尴尬，调节气氛，让课堂顿时充满生机。

三是评价要真实。评价的目的是激励学生，但是不能是非不分、刻意夸大其词，应做到自然而不做作。因为只有真实的评价才能打动学生，真实是衡量评价效果的主要标准。四是评价要有亲切感。面对小学生上课，有时用上合适的动作便可超过语言评价的功效。有一次，我听孙老师上儿童诗歌，他让二年级的学生模仿文本创作。展示时，有一个孩子的创作妙不可言，孙老师不知道说什么好了，于是他把那孩子抱起来在教室里举了一次"高高"，其他的孩子羡慕无比。我有时候上课也会亲切地拍拍同学的肩膀，伸出手和学生握握手。我发现这样的评价学生更喜欢，有家长就告诉我他的孩子因为和我握了一次手，回家后兴奋了半天。关于语文课堂的评价，我写了一篇随笔《评价语言的"魔力"》，详细列举了我经历的真实课堂，不仅给孩子学语文带去了快乐，还给自己留下了美好的回忆。

（四）抓牢语言运用，让课堂落地生根

语文课堂区别于其他课堂的重要标志就是落实语言文字的运用。针对语文教学有所偏锋，上海师范大学吴忠豪教授提出了"从教课文到教语文"的观点，指出语文的学习重点应该落实积累优美的语言，准确地运用语言。《义务教育语文课程标准（2011年版）》也明确指出：语文课程是一门学习语言文字运用的综合性、实践性课程。那么，快乐语文的课堂必须抓住"落实语用"这条主线。在"用教材教语文"上下功夫，才是语文的正道。

全国著名特级教师王林波是研究"语用"教学的领军人物，他有两本专著《指向"语用"的阅读教学实践》和《指向语用 识体而教》，书中有落实"语用"教学的主张和大量的教学案例。通读以后，我发现原来语言文字的运用还有如此多的乐趣。因此，这两本专著也成为我追求快乐语文的指导思想。在我追求快乐语文的课堂上，语言运用永远都是最活跃的音符，主导着课堂的前行。我认为文字之所以能成为文化的载体，而不仅是一个符号，就是因为文字可以表情达意。失去了情感的文字就会沦落为一个符号，文字就失去了温度。如何让学生用充满情感的文字表达，我从两个维度进行了探索。第一个维度是教师教学语言的浸润。教学语言是学生接触最多的语言，教师的语言如果索然无味、词不达意，学生长期耳濡目染，根本不能感受到语言的美感。全国著名语文教育专家于漪老师在回忆录中谈到，为了规范自己的教学语言，给学生正确的示范和影响，每次上课前都把自己要在课堂上说的话写下来，一句句地推敲，然后背诵熟练，再给学生上课。于老师为什么会对自己的教学语言要求如此苛刻？我们语文教师应该深有体会。我们听王崧舟老师的课，他那诗一般的导语、评价语、总结语总是把我们带入诗情画意的境界，学生怎能不陶醉呢？要让学生感受到语言文字的魅力，首先语文教师的语言，要做到规范准确、生动优美，如果能充满诗意或者情趣则效果更佳。教师对语言的运用能力潜移默化地影响着学生，将起到"润物细无声"的作用。第二个维度是对教材语言的理解运用。叶圣陶先生说，语文教材无非是个例子。但是这个例子是多位作家精心创作，精心挑选的，价值不菲。对于教材学习，首先是多读并感受语言之美，理解并体会语言之美，背诵并积累语言之美，最后才是实践运用语言之美。

（五）创新教学手段，让课堂多姿迷人

创新才能持续发展，语文课堂教学同样需要不断创新，学生才能保持新鲜感。我们给孩子上一节充满趣味的语文课简单，但是要上一年乃至 6 年永远都充满趣味的语文课就绝非易事了。所以快乐语文课堂就需要不断创新教学手段，带给孩子无限的乐趣，让孩子离不开你的课堂，想念你的课堂，如此才能自然地爱上语文。首先，我们要做一个每天都不一样的人。古希腊哲学家赫拉克利特说："人不能两次踏进同一条河流。"对于教师而言，每一次进教室面对的学生都发生着变化，他们慢慢长大，越来越有知识，鉴赏能力越来越强，如果我们不变，怎能去适应他们？朱熹在《观书有感》中有感地说道："问渠那得清如许？为有源头活水来。"我们要时刻保持学习的状态，保证每一次进教室，都和上一节课的自己不一样。当然，这个"不一样"是向上向善的发展。其次，是不要用教学模式套住自己。真正快乐的语文教学没有固定的模式，要做到"因学而教，因材而教"。很多教师教语文有倦怠的现象，实际上是教学模式害了自己。以阅读教学为例，试想每节课都是"谈话导入—初读感知—学习字词—重点赏析—拓展运用—布置作业"的模式，学生对你的语文教学会感兴趣吗？时间长了，学生都知道教学时你会说什么话，布置什么任务了，有何趣味可谈？有些教师教了一辈子语文，导课总是说一句话："同学们，今天我们来学习……"我借班上课的机会多，有一次我上完课，一小女孩儿走到我跟前说道："老师，您上课真有趣！"我问："怎么有趣啊？"她说："您和我们语文老师上课不一样。"说明在孩子心中，语文课是千姿百态的，不应该是一成不变的。最后就是需要多样的教学手段。语文课堂不能全部依赖多媒体，但并不代表不能用多媒体，而是要根据文本的需要使用，不应滥用，用准时机才能起到相应的效果。我喜欢在语文课堂上使用"微课"，这种翻转课堂的形式打破了常规的课堂姿态，偶尔使用效果甚好。我们还要相信"青出于蓝而胜于蓝"。我尝试让学生参与讲语文的活动，也能调动学生学习语文的积极性。此外，一句幽默的话、一个故事、一本课外书、一声哼唱、一段演讲等都可以穿插在语文教学之中，就像为语文课堂注入七色颜料一样，让课堂变得绚丽多姿。

（六）学习设计教学，让课堂成为艺术

于漪老师说，语文课要让学生有艺术般的享受，那就是极大的成功。一位优秀的语文教师一定是一位设计师，这里是指设计课堂教学。"教无定法"就是最高境界的教学设计，就像武林高手一样，练功到一定的时候可以"无招胜有招"。优秀的电影、电视剧、小说赢得观众和读者的赞赏和喜爱，背后都是导演或者作者高超的构思和创意，这就是设计的价值。课堂教学也一样，我们要根据学情、教材、目标，思考如何设计才能满足学生的学习需求。一节好课就宛如一部优秀的电影，情节应该一波三折，动情处让人潸然泪下，激动时让人欲罢不能，共鸣时让人兴奋不已，既有感同身受，又能给人带来深刻的思考，就算结束了也让人回味无穷。然而要达到这样的效果，就需要设计。快乐语文课堂追求的就是一个艺术化的过程。如何使课堂艺术化？其一，课堂有"情"。主要是指教师上课要有激情，激情不减，课堂方能活力不断。保持激情才能让课堂永远拥有活力，就像安徽的薛瑞萍老师，她都快要退休了，而走进语文课堂时就像一位小姑娘一样活力四射，所以孩子们不会因为她年龄大了而不喜欢她的语文课；相反，因为教师充满激情，孩子们学习的欲望也被点燃，学习的快乐不言而喻。而我，上课最大的特点就是激情不减。其二，课堂有"章"。主要是指课堂的结构要有章法。一节具有艺术化的语文课就像一篇文章，讲究结构安排，讲究详略得当，讲究遣词造句。如果研究名师的课例，就会发现他们的课堂耐人寻味。王崧舟老师的语文课，用"诗意"让课堂艺术化，课就是诗；王林波老师的语文课，用"语言文字的运用"让课堂艺术化，课就是灵动的文字。其三，课堂有"人"。这里的人就是指学生。如果课堂是一部戏，那么学生才是这部戏的主角。语文教学是编者、教者、教材与学生之间的互动对话，我们一定要让学生站在课堂的正中央。学生的学习状态、学习过程、学习效果在很大程度上会影响课堂的价值。

四、快乐语文的走向——追求决定远方

（一）快乐语文的使命

语文自身就是一门充满乐趣的课程，然而学生并不是与生俱来就能感受到。作为语文教师，我们的责任就是引导学生走进语文的大门，踏上语文的阳光大道，享受语文给自己成长带来的乐趣。给语文冠以任何头衔都不合适，我加上"快乐"一词，仅代表了我的教学追求——做一名快乐地教语文的教师，让学生在快乐的学习中成长、成人。

"快乐"这个简单的词语，要做到绝非易事。教师也是普通人，我们要面对经济压力，要面对复杂的社会环境，要面对工作中的竞争，更要面对父母、孩子和柴米油盐，这一切都可能影响到我们给孩子上课，稍不注意，情绪就会被带入课堂。如果自己不能掌握、调节自己的情绪，还能把课上出乐趣吗？所以，想做一名快乐地教语文的教师，一定要让自己先快乐起来，热爱生活，感恩生命，感谢遇见，做到知足常乐。我喜欢这样一句话：

"快乐也过一天，不快乐也过一天，何不快快乐乐地过好每一天呢？"所以，当走进课堂时，就要忘记一切凡尘杂念。美国著名心理学家吉诺特说："在历经了若干年的教师工作之后，我得到了一个令人惶恐的结论——教育的成功与失败，我是决定性的因素。我个人采用的方法和每天的情绪，是影响学习氛围和情景的主要原因。身为教师，我具有极大的力量，能够让孩子们活得愉快或悲惨，我可以是制造痛苦的工具，也可能是启发灵感的媒介。无论在什么情况下，一场危机之恶化和化解，学生是否受到感化，全部决定于我。"这段话足以说明我们每位教师对于学生的重要性。

此外，我还想表达的是用语文育人的快乐。语文课堂上的快乐绝非一时的开心或呵呵一笑，语文课程"文以载道""以文育人"的内涵才是快乐语文的本质。我们需要在语文的教学中，用优秀的民族文化去浸润学生的心灵，影响他们的人格，让他们因为学习并传承中国文化而感到自豪，让他们因为自己是堂堂正正的中华儿女而感到快乐。于漪老师的"既教文又育人"对我影响很大，作为教师，我们责任重大，一边是学生，一边是祖国的未来。面对这些祖国未来的建设者，他们能健康快乐地成长就是我们最大的成就。

（二）快乐语文的人生

教语文最大的快乐是双向成就，我们既教书，又育人。看着一批又一批孩子在我们的课堂上，在我们的教育下进步、成长，是我们最大的幸福，"桃李满天下"是我们永远的追求。

这些年，我努力想把语文课上好，想通过语文课给孩子们带去童年的欢乐。为此，我从没有忘记"学高为师、身正为范"的使命。同样，也是这些孩子让我感受到作为一名小学语文教师的幸福。记得2007年，学校安排我接一个号称有"七大金刚、八大天王"的班，其实就是男生多，而且调皮，喜欢打闹，课堂纪律有问题。我接手以后，用了两招就让他们发生变化。一招是"零距离"跟他们交朋友：谈心，一块儿玩游戏，一起打球，总之是让他们喜欢我。另一招就是讲故事。男孩子喜欢打闹，我就给他们讲中国历史上关于战争的故事,像《火烧赤壁》《七擒孟获》《辕门射戟》等这些故事。我一节课讲一个,课堂上再也不用操心纪律。我还告诉他们更多的故事就在《三国演义》这本书里,于是他们慢慢开始喜欢上了读书。沉浸在书中,人自然就安静了,慢慢地班风正了,纪律也好了。第二年,因为学校分工变动,我不再给他们上语文课了,孩子们个个抹着眼泪来找我,有的还给我写信,更有家长看到孩子如此不舍就找到学校让我再回去带这个班。当时,孩子们的举动真的令我十分感动,对老师的不舍和喜欢就是最幸福的事。那时,我刚参加工作4年时间。这件事让我下定决心,一定要做一名称职的语文教师,不能辜负了这些孩子。这些年,我的追求从未停止。

1. 坚持上公开课。参加工作第一年,学校要求年轻教师必须要上公开课。公开课需要全校所有语文教师都来听,听完之后有经验的教师还要评课。说是评课,其实就是"批课"。每次我上完课,最害怕的就是大家的"批课",什么"思路不清",什么"语言不生动",什么"教态不自然",等等,我就像一个犯了错的小孩儿一样,频频点头,表示下次一定改进。那时候上公开课最害怕的就是课后的评课,但是学校规定年轻教师必须每学期上一节公开课。实在没办法,只有硬着头皮上。因为害怕被大家"批",所以准备就格外充分,既要思考如何上好,又要避免犯以前的错误,于是慢慢地就进步了,点评老师的批评越来越少,表扬越来越多。鼓励的力量是无穷的,从此之后,年级组要推荐上公开课的人选,我都积极踊跃报名。算下来,这18年,我每学期至少面向全体语文教师上一节公开课。由害怕到习惯,需要毅力,需要勇气。我之所以要坚持,就是想用这样的公开课标准来要求自己,逼迫自己学习、研究。日本教育家佐藤学在《静悄悄的革命》中提到,教师打开教室的大门,开展教学,就是自我革命的开始。我也正是用这种方式,让所有人监督、指导,如此才能保证语文教学水平不断提高。当然,提高教学水平主要是为了孩子们,反过来讲,为了给孩子们上好语文课我不得不提高教学水平。

2. 坚持参加比赛。比赛对我来说,真是又爱又恨。爱,是因为在不断的比赛中我获得了自信；恨，是因为无数个夜晚让我彻夜难眠。参加的第一个比赛是校内的青年语文教师赛教，我上《富饶的西沙群岛》，因为讲课激情澎湃，思路清晰，学生学习效果较好，加上基本功还不错，我就拿了第一名。那是 2006 年，当时的语文教研组组长就给学校汇报，说有个小伙子语文课上得还不错，可以重点培养一下。到 2007 年，安康市要举行首届阅读教学大赛，给学校分了一个名额，学校就决定让我去。我真是想都不敢想，毕竟工作不到 4 年，怎么能去参加这样的大赛？但是学校相信我，那就一定行。那时候年轻，有点儿"初生牛犊不怕虎"的架势。我选择了一篇革命题材的文章——《草帽计》。学校集合了全校语文大咖帮我磨课，直至我都想放弃了还要磨。但是我相信坚持就一定能成功，终于坚持到比赛。我拿到了 B 组的第一名，获得了一等奖，当时评委的一句话我现在仍记忆犹新。他说："在不久的将来，安康的小语星空将再添一颗闪亮的星星。"我知道那是对我的期望，也成为我后来不断参赛的动力。那次之后，我才发现好课是磨出来的。2011 年我再次参加安康市第四届阅读教学大赛，执教《中彩那天》，获得了特等奖，也拿到了赴省里参赛的资格。同年，我代表安康市参加陕西省第三届小学语文课堂教学观摩研讨会，荣获一等奖，并获得了参加全国第九届小学语文青年教师阅读教学观摩活动录像课评比的资格。那一次，我遇到了我一直崇拜的名师王林波老师，他的点评同样令我终生难忘，他的鼓励与认可让我对语文教学的追求更进一步。同样是 2011 年，陕西省重新启动省级教学能手评比，停滞了近 10 年的活动再次开启，意味着报名参赛的都是这 10 年积淀的顶级高手，王林波老师也在其中。这个比赛完全是"裸赛"，不允许选手拿任何备课资料，而且是从三、四、五三个年级上下册教材中抽课题。为了这个比赛，我一个暑假没有出门，闭门研究教材，设计教案，面对镜子说课、讲课。最终，我拿到了小组第一名。这个比赛还公布了成绩，我得了 94.4 分，现在我都记得清清楚楚。于是我也顺利地成为"省级教学能手"，那年我才 27 岁，算是选手里最年轻的了。之后的几年，我再没有参加现场教学比赛，但是我积极参加"一师一优课"等录像课比赛，直至 2018 年，学校选派我代表陕西省参加全国第三届小学青年教师语文教学展示与观摩活动。这个赛事是小学语文最高级别的比赛,每个省只有一名参赛教师,可谓"华山论剑""群雄争霸"。我执教古文《囊萤夜读》一课得到广大一线教师的好评和认可,从备课、磨课、上课到反思,我写下了三万余字的《一节"国赛课"的成长记》,对于我来说,已经挑战了自己的极限。回想整个参赛的过程,若问我为什么参赛,还是那句话:"为了给我的学生带去最好的语文课。"我为了学生付出,学生也成就了我,让我从学校比赛到国家级比赛,从小山城登上了全国的舞台,这就是语文教学带给我的最大的快乐。

3. 坚持教育写作。一名既能上好课,还能写文章的语文教师,学生一定更加崇拜。我经常告诉自己,如果自己都不喜欢写作,怎能让学生不惧怕写作文?教语文最难教的是作文,学生最怕的也是作文。要啃下作文这块硬骨头,教师首先应学会写作,掌握写作技巧。只有亲身经历写作,才能引导学生找到写作的门道。起初,我只是写写下水文,偶尔给孩子们提供一些借鉴和示范。后来在教学上有思考、有收获、有失误时,我都会用文字记录下来。为了让这些文字保存下来,我申请了自己的博客,把写下的小文章发表在博客上,目的是让学生看到老师能做到"好记性不如烂笔头",鼓励学生也能养成常动笔的好习惯。

记得我公开发表的第一篇文章是一篇教后感。2009年10月,安康市举行小学语文名师课堂观摩研讨会,让我也上一节课,是一篇儿童诗《微笑》。当时我还是个毛头小子,却要和全国著名特级教师李卫东同台上课,还请了李老师给我点评。那次上课后,我很珍惜教学后的感受,就写了一篇随笔《让诗歌教学走向完美》,投给了《安康日报》的"科教周刊",没想到还发表了。那次投稿成功之后,给了我继续写作的动力。虽然教学任务繁重,又有行政事务,但我知道一位教师的成长不仅在于上好课,还在于不断反思和总结。教育写作就是最好的反思和总结,在写作中思考会更有深度,更系统。为了坚持写点儿文字,我常常深夜还在敲击键盘。为了让自己能坚持下来,有信心写下去,我开通了自己的微信公众号,把自己的生活随想、教学主张、教学札记写下来,发表在公众号上。每当看到自己的文字能得到同行和家长的认可时，自豪感油然而生。现在翻阅以前写的文字时，总有一股暖流让我感到幸福。虽然没有华丽的辞藻，没有高深的文学理论，但那是自己成长的脚印，每一篇文字都记录着自己曾经的努力。这一切，都在告诉我，再忙再累，也要坚持写下去，因为这能给我的人生带来快乐。

4. 坚持读书学习。傅佩荣在《哲学与人生》中讲，当一个人觉得自己缺失的东西越来越多时，代表他已经成长了。回顾自己这18年走过的语文教学之路，前半程不知天高地厚，自信爆棚，后半程才找到语文的大门。特别是经历了省赛、国赛之后，我愈发觉得自己知识体系不够完备，课堂教学还停留在自我陶醉的阶段。幸好在《哲学与人生》这本书里找到了答案。我发现自己要学的东西太多，就说明自己已经成长了。国赛之后，我的成长进入瓶颈期，语文的人生之路怎么走？我想，唯有坚持读书学习！我再次翻出王荣生教授的《语文科课程论基础》和吴忠豪教授的《从"教课文"到"教语文"》，又一次开始阅读。不同的是和以前阅读的感受完全不同，以前觉得枯燥乏味、头脑发晕，现在阅读这些理论脑海里呈现的是一个个教学画面，特别有意思。再把于永正、贾志敏、支玉恒、于漪这些语文大家的书拿来阅读，就像看小说一样津津有味。2019年年底，《小学语文教学》推出了小学语文十大青年名师系列丛书，我第一时间买回一套，一个寒假全部读完。里面的教学主张、课堂实录、教学设计、成长感受等记录着这十位青年名师的成长之路，我学习着，思考着，以他们为榜样，努力让自己的语文人生永远充满快乐！

总之，回顾自己的语文教学和成长经历，我拥有满满的幸福和快乐。我带给了学生学习语文的乐趣，而语文也带给了我快乐的人生。

眼里有儿童　教学更有趣

怎样才能让学生对语文学习始终充满新鲜感和亲近感？兴趣可能是多数人的答案，因为兴趣是最好的老师。作为小学语文教师，如何培养学生学习语文的兴趣呢？我觉得把语文课的趣味讲出来，让学生觉得学习运用语言好玩而有趣，这将是儿童学习语文的不竭动力。

语文教材选取的多数文章都是经典篇目、名家著作，可挖掘的教学价值较大，但是放在小学阶段来教，一定要切合儿童的学习实际，要求过高，挖掘太深都会让孩子逃离学习。任何学习都是一个由浅入深、由表及里的过程，找到学生对文本的兴趣点切入，激发学生学习的自主意识，才能进一步达成教学目标；否则，教师再精巧的设计，再激情的讲解，再投入的引导都将是"孤掌"，难以实现"教"与"学"的共鸣。

一、"演读"文本，品读人物之趣

从儿童喜欢的"读"入手，把人物形象读出来。五年级下册《草船借箭》开篇就是："周瑜对诸葛亮心怀妒忌。"虽然三国人物离学生学习实际较远，但是妒忌却离学生很近。要引导学生体会并读出周瑜的人物形象，须从"妒忌"一词入手。这时候，我们就应该从儿童的角度思考教学设计了。现在的儿童有没有这样的妒忌呢？肯定有，学习优秀的同学经常得到老师的表扬，家庭条件好的同学隔三岔五穿新衣服……在小朋友的心里，羡慕最终成为妒忌。引导学生发现这样的人都没有宽广的胸怀和大度的情怀后，再走进文本，学生对周瑜的形象就有了一个基础的认知，甚至会联想到生活中某个喜欢妒忌别人的人。此时，让学生再去朗读周瑜与诸葛亮的对话，就会发现问题。什么问题呢？课文整整一段对话描写，都是通过"周瑜说""周瑜问""诸葛亮说"的方式表现出来的，是小说的作者罗贯中没有水平的表现吗？当然不是！人物说话时必有相应的神情和动作，作者为什么没有写出来，而是运用了最简单的对话描写呢？

如果把这个问题抛给学生，必然引起学生的思考兴趣。作者这样写，就是不想把周瑜妒忌诸葛亮的内心外露出来，因为毕竟时处联合抗曹，周瑜也不想让诸葛亮看出他的心思。对于诸葛亮的描写也是同样的方法，诸葛亮又不能直接揭穿周瑜的阴谋，只好顺水推舟，假戏真做，装作不知。

这样来解读教材后，方知罗贯中不愧为大作家。读他们的对话，看起来风平浪静，其实他们两人的心里早已风起云涌。这样一个片段，最适合进行朗读训练。多数教师会采用分角色朗读，但是如果学生没有准确地解读，就读不出周瑜语言中暗藏的杀机，读不出诸葛亮语言中的运筹帷幄。

若要让学生感兴趣，最好的方式就是演读。周瑜要装作一本正经地谈公事，诸葛亮要装作全然不知地领任务。起初，可以师生合作演读，教师通过自己的神情、动作、语气把周瑜、诸葛亮的形象表现出来，学生就像看电视剧一样被深深吸引。之后，让学生之间通过演读的方式来表现人物形象。如此一来，课堂便成了学生喜欢的学堂，对于文本后续的学习就充满了期待。

二、"具象"画面，感受想象之趣

统编教材的文章都是成人之作，有关童年、童趣的文章也是作者成年之后回忆童年往事而下笔成文的。作者写文章时都是从成人的理解能力和文字功底来构思创作的，这样的文章让6至12岁的儿童去学习、阅读，孩子能读懂作者的情思吗？一个字，难！

如何化解学生学习之难？叶圣陶先生说过，语文教材不过是个例子，我们不是教教材，而是用教材来教。即文本是为教所用，即使文本的价值再高，不是儿童所需要的，教了儿童也不懂的，就可以放一放，也许那是中学乃至大学的教学目标。

四年级下册有一篇散文《天窗》，是茅盾先生之作。文章中的天窗至少是20世纪80年代以前的产物，对于现在的孩子，他们只能想象天窗的样子。本单元要落实的语文要素是：抓住关键句子，体会作者要表达的情感。散文最大的特点就是把作者要表露的情感隐藏在文字之间，不会直抒胸臆。阅读《天窗》这篇文章，不难发现"小小的天窗是你唯一的慰藉"这个句子出现了两次，自然就是关键句子了。找到了关键的句子，如何体会作者要表达的情感呢？对于10岁左右的孩子来说琢磨不透，这时就需要教师来引导，化难为易。

理解关键句子从关键词入手，"慰藉"自然就是关键词。作者在什么情况下发出这样的肺腑之言呢？不难发现，是夏天阵雨来临时被关进地洞似的屋里，是晚上被逼着上床休息的时候。可以换位思考，如果换成你，此时你最需要的是什么？按照小孩儿的心理，他们肯定需要自由，需要自由又不能自由，就需要有人体谅、安慰、抚慰他们的心灵。然而成人不解小孩儿心，没有人这样做，唯有天窗能把小孩儿的心带出黑屋子，天窗能让小孩儿我心飞扬，天窗成了脱离束缚的思想之门。此刻,学生应该能理解"慰藉"一词,理解作者的感慨了。按理说，教学进行到这里算是达成了教学目标，但是如果进一步设计，也许孩子们更感兴趣。

如何设计？引导学生联系自己的经历。透过天窗你仿佛看到了自己在干什么？如：阵雨来了，我躲在大树下避雨；我和几个小伙伴在雨中奔跑；我抬起头，让夏雨为我降温；我在院子里和小朋友嬉戏玩耍；我在田间听青蛙"歌唱"；我仰望星空数星星。如此，天窗就不仅是一扇窗子，而是一幅幅具象的图画，这就是孩子向往和追求的世界。这时，再读"小小的天窗是你唯一的慰藉"，情感自然喷发，散文的情味就能读出来。

三、"唤醒"体验，分享生活之趣

儿童的生活是多姿多彩的，儿童之间总有相同的爱好和乐趣，他们的快乐也是成年人不能理解的。如此一来，教师就应该在课堂上找到切入点，把儿童感兴趣的话题引入课堂。如此，儿童才能真正浸入课堂，而不是被迫认真听讲。

四年级下册有一首词《清平乐·村居》，这首词意境优美，韵味悠长。词的词眼就是一个"醉"，对于"醉"的解读是多层次的，源于自然之美的景色使人醉，乡村生活的宁静脱俗使人醉，清闲淡雅的追求使人醉……也许这些都是诗人要表达的情思，但是对于四年级的学生来讲，他们也许并不感兴趣，毕竟他们是孩子，人生经历与思考达不到这个层级。即使老师引导了，他们也不是发自内心地接受。那么如何才能激发学生对这首词的学习兴趣呢？只要深入了解儿童，就会这样教学。词中有此句："最喜小儿无赖，溪头卧剥莲蓬。"这个句子中的"最"与"醉"谐音，大儿子勤劳，二儿子手巧，为什么作者最喜欢小儿子？这个问题值得思考，而且学生也极感兴趣。因为都是儿童，有相同的认知。

教学时，可以设置一个互动环节："如果你是小儿子，老师问你几个问题。你趴在溪头，不怕掉进池塘吗？你趴在地上，衣服弄脏了怎么办？你为什么要剥莲蓬呢？"通过这几个问题的交流后，我们就会发现，这是儿童的天性，好奇、好玩、天真、淘气……小孩儿的内心是一张白纸，洁净无尘，这正是作者经历了坎坷人生以后，渴望返璞归真的追求。在生活中，学生肯定也有和词中小儿子类似的淘气，再做进一步交流，学生就会因为童年之趣而记住这首词。

四、"聚焦"写法，体会表达之趣

了解儿童的作者才能写出优秀的儿童文学作品，诸如曹文轩的《草房子》。如果没有从儿童的角度出发，没有儿童的角色，《草房子》这本书就不可能成为孩子的挚爱。

统编小学语文五年级下册有一篇小说《跳水》，是俄国作家列夫·托尔斯泰的作品，单元语文要素是"体会人物的思维过程"。文章中的人物有孩子、水手、船长，每个人思维过程都不同。对于学生而言，文中船长儿子的思维过程是他们最容易读懂的。猴子逗他，摘了他的帽子爬上了桅杆，他脱了衣服，爬上桅杆去追猴子，直至出现险情。教学时，我们可以提出一个问题："小孩子不懂事没有安全意识，而水手们都是成人，为什么没有制止小孩子的行为？"通过充分讨论，得出如下结论：如果水手制止了孩子起初的行为，故事就发展不到跳水的时刻，也不符合儿童的思维过程。船长的儿子之所以这样做，体现了儿童的单纯、不服输。正所谓无知者无畏，每一个儿童都是在一次又一次犯错中成长起来的，没有不犯错的儿童。托尔斯泰不愧为大作家，在他的笔下，儿童有儿童的样子和思想。这样的表达尊重儿童，这样的文章儿童更爱读。

无论何种体裁的文本，教学时只要我们眼里、心里装着儿童，总能找到童趣的教学点，课堂教学的趣味也就越来越浓。

生活是学习语文的一片天

倘若把语文教科书比作学生学习语文的一扇窗,那么生活就应该是学生学习语文的一片天。语文课程是母语课程,我们每一个中华儿女与生俱来都有学习母语的基因和天赋。有生活就有语文,生活与语文或语文与生活浑然一体,不可切割。因此,语文是一门实践性特强的课程,学校语文教学应该紧密联系学生的生活,把语文学习活动生活化。形式多样的生活实践活动中把语言文字的学习与运用融入,语文学习自然就会润物无声,潜滋暗长。

一、教学思想指向学会生活

其实一个人生活的过程就是他的学习过程。可以想见,对于生活没有美好追求的人自然不会付出太多辛劳而努力学习;反之,对于生活充满美好的向往,便会全身心不辞劳苦地投入学习。可见,学会生活是学习的基础。人来到世间并不是天生就会生活的,都是从学习洗脸、刷牙、穿衣、戴帽开始的,没有尽头,也没有结束。虽然日复一日,往复循环,但是没有谁敢断言不用学习就能生活。

语文教学思想指向学会生活,言外之意就是我们得给学生一个导向,会生活的孩子才是学习语文的高手。我们很难想象,如果一个孩子没有最基本的生活常识、生活能力,他的语文学习会是什么状态。一个从来不会拖地的孩子，一个从不洗衣服的孩子，一个不懂得人际交往的孩子……他们不可能真正走进语文学习。教学生学会生活，父母是最好的老师。如果父母对孩子的生活一切包办，孩子的生活自然一塌糊涂；如果父母让孩子在学习锻炼中培养生活能力，孩子自然是生活达人。在艰苦的岁月里，毛主席号召战士们"自己动手，丰衣足食"克服根据地的经济困难，实现革命理想。现如今，孩子动手能力越来越差，加之家长"学习成绩好是王者"的偏激观念让多数孩子都是"衣来伸手，饭来张口，出门不走，说话靠吼"，优越的生活条件反而让孩子不会生活。

学会生活，还应包括学习生活礼仪、语言沟通、人际交往、应急处理等。对于语文教学思想，我的理解一直是"先做人，后学文"。做什么人？做生活中的自己，在家是孝顺的儿女，在校是优秀学生，在社会是合格公民。通过对生活能力较强的孩子做问卷调查就能发现，这些孩子语文素养非常高，语文成绩在班级中也名列前茅。生活能力较强的孩子体验较为丰富，善于留心观察周围的事物，洞察力和辨析能力较强，语言系统较为发达，尤其是记忆力较好。足以见得，学会生活对于学习语文尤为重要。在语文课程实施过程中，我们把教会学生学会生活作为奠基工程，夯实基础，学生学习语文通常会事半功倍。

二、课堂教学指向联系生活

脱离了生活实际的语文教学一定索然无味，联系生活的语文教学一定兴味十足。语文课程标准强调学生学习语言最终的指向是理解与运用。运用必然与生活紧密联系，生活给学生提供了广阔的学以致用的空间。例如学生学习《记金华的双龙洞》这篇课文，了解了作者用"见闻＋感受"的方法写清楚了孔隙的特点后，就让学生联系自己游览了哪些地方，游览时看到了什么奇特的景观，有什么样的感受进行讲述。设置这样的训练能让学生感受到学习语文就是做生活中的有心人。因为课文仅仅是一个例子，去过浙江金华双龙洞的同学毕竟是少数，如果让学生的视角始终停留在文本中，似乎就是游离天际。如果通过文本把学生引到实际的生活中和经历的体验中，语言文字的运用就变得脚踏实地。

语文教学中任何教学内容都可以联系学生的生活。联系生活识字、理解词语、感悟启示、积累语言、人际交流，每一节课我们都能联系学生的生活进行语文教学，学生就不会觉得自己就是学习的机器，更不会感到学习语文枯燥，反而会感到生活中任何一个场景其实都是语文课堂，就能真正把学习语文与生活合二为一。

三、作业设计指向超越生活

语文课程实践性较强，如果只靠课堂上的40分钟进行言语实践，训练的时间和强度远远不够，必须在作业设计中开动脑筋，巧妙地将作业设计融入生活。因为没有经过设计的语文作业，往往会让学生感到枯燥，甚至让学生感到语文学习令人厌倦。那么如何才能把作业设计得生活化呢？比如，刚刚上一年级的孩子，培养识字兴趣最为关键，教师就可以设置"街头识字""超市识字""菜市场识字""饭桌上识字""游乐场识字"这些识字活动。这些活动都与孩子的生活紧密相连，不但降低了学生识字的难度，而且会让孩子对汉字更加钟爱。

作业的设计还可以随季节更替而变动。春天的时候，一定让学生亲近自然，感受春天的勃勃生机；夏天来临，要在阳光下感受酷热，要在池塘边的荫凉处感受清凉，要在森林里感受蝉鸣；收获的秋天，要带着孩子走进田野，走进果园，采撷累累果实；寒冷的冬天，打一次雪仗，堆一个小雪人。这些都将是铭心的记忆。

在教学中，学习了故事性较强的文章，我们就可以让学生回家把故事讲给家人听；学习了口语表达的技巧，我们就可以让学生回家与家人在一起模拟练习；学习了查找资料的方法，我们就可以让学生通过多种方式搜集整理信息。与此同时，我们要在班级里开展一些实践性较强的语文活动，如讲故事比赛、竞选班干部、辩论大赛、情景剧表演等，通过这些活动展示生活化作业成果，促进学生更加主动地在生活中磨炼自我，切实体悟到生活不仅是吃穿住行，还有学习乐道。

四、课外阅读指向优化生活

提高生活质量不单单是物质需求的满足，精神满足也很重要。毛主席说："饭可以一日不吃，觉可以一日不睡，书不可以一日不读。"读书的生活更加充实、自在、高雅。

2011年，我开始尝试将课堂前5分钟留给学生进行课外阅读。到如今，送走了一批又一批学子，不变的仍是这样的教学方式。我有时也很惊奇自己能坚持这么长时间做这样一件事，而且未来我将继续做下去。细细想来，不是因为我能坚持，而是学生的喜欢让我有了坚持的力量。低年级，我选择"种子书"读给学生听。到了中年级，我选择"种子书"让学生读给学生听。到高年级，学生自己选择"种子书"读给同学听。从带拼音的故事书到小说，再到经典名著；从《淘气包马小跳系列：忠诚的流浪狗》到《小王子》，再到《草房子》《论语》——我用这样的方法点燃学生读书的热情，让学生在课外阅读的陪伴下学会学习，学会生活。每学期，我都会利用好几天的时间开展一次读书交流会，这对于学生来讲是盛大而隆重的，因为人人都有机会上台展示。当看到学生在台上那样流畅自如地介绍自己读书的经历时，当听到学生一学期就能读20本以上课外书时，作为教师的优越感、喜悦感、自豪感一起迸发。

我们经常说："爱读书的孩子最可爱。"可爱在什么地方呢？我做过观察，发现爱读书的孩子走路有精神，眼睛能说话，谈吐大方，彬彬有礼，能言善辩，也就是"腹有诗书气自华"。让孩子爱上了读书，他在生活中自然不会"手机中毒""电视中毒""网络中毒"等，因为没有给"毒素"侵入的时间。

五、习作指导指向贴近生活

小学生最怕的就是习作，小学语文最难教的也是习作。为什么学生不会习作，或者习作的质量不高？诸多观点认为多阅读就能提高习作能力，我认为这只是一个因素，还有另外一个重要的因素，就是孩子要有丰富的生活经历。我们看看那些作家，如果没有亲身经历，岂能写出令世人惊叹的文字？假设海伦·凯勒视力正常，她能写出《假如给我三天光明》吗？假设法布尔没有实地去观察那些昆虫，他能写出《昆虫记》吗？假设曹文轩没有童年的农村生活，他能写出《草房子》吗？是什么成就了作家？有一个重要的因素——他们有丰富的生活阅历。而我们的小学生，他们如果没有丰富的生活经历，习作就只能凭空想象，胡编瞎造。

基于这样的理解，我努力让学生的习作和生活密切联系起来。建议家长利用各种节假日，让学生体验生活。春节里去拜年；清明节回归故里，祭祖扫墓；端午节动手包粽子；中秋节赏月。母亲节，我会指导学生给母亲制作礼物为母亲带去惊喜，于是就有了《女神节的礼物》《感动的眼泪》等一篇篇佳作。父亲节，我会指导学生给父亲洗一次脚，捶一次背，按一次摩，让父亲感受到孩子长大了。学校里的升旗仪式、主题活动、运动会，课外的家务劳动、进社区、献爱心等，这些都是指导学生习作顶好的素材。读万卷书，还得行万里路。教师还应鼓励孩子们参加课外的实践活动，比如参加各种研学之旅。在这些活动中获得的体验是独特的，也是永久的，更是属于每个孩子自己的。学生有自己的经历后，我便会告诉学生其实写作就是讲自己的故事而已。于是，对于有故事的孩子来说，写作便不是什么难事。

在语文学习的道路上，我始终相信：在生活中，语文是生活的一部分；在语文里，生活是语文的全部。

阅读教学的"十美"

阅读教学在整个小学语文教材中占比较大，也是语文教师最为关注的教学板块，对于学生学习运用语言相当重要。《义务教育语文课程标准（2011 年版）》指出，阅读教学是教师、学生与文本之间对话的过程，三者之间相互关联，互为照应，密不可分。阅读教学是语文教学的核心，在阅读教学中有识字写字，有口语表达，有写作迁移，有综合实践……阅读教学的成败决定着学生语文核心素养的形成。如何上好阅读课，让学生因为阅读而"悦读"，因为阅读而喜欢语文？我认为可从阅读教学的特点出发，让阅读教学焕发出自然之美，便能让学生栖息在阅读教学的天地。

一、研读课程标准，上出"学段之美"

对于小学语文教师而言，语文课程标准就是我们的教学方向，如果心中没有标准，任意而教，教学必然存在问题。就像在阅读教学中，我们经常看到三年级的阅读课和五年级的阅读课没有太大区别，除了学生个子高矮、年龄大小不同以外，从教师的教看不出差异来。主要原因在于教师心中没有完整的年段目标，拿到一篇文本后，把凡是自己认为要教的全部一吐为快，没有考虑学生是否接受，是否符合年段目标。为此，教学中常常出现一些笑话，低年级教师埋怨学生读书没有感情，中年级教师嫌弃学生写的作文字数太少。特别是阅读教学，面对一篇文本，不同学段教学内容应该要有所侧重。低段的核心是"句"，从识字到组词，最终要引导学生运用于句子的训练，因此如何把一个句子表达完整、表达具体是教学重点。而到了中段阅读教学，要逐步渗透"段"的概念。中段阅读教学重点应该落在"段"的教学，了解"大段"的构成，感知"段"在整篇文章中的作用。到了高段，就应该关注"篇"的构成，在谋篇布局、篇章结构、表达方式及手法上下功夫了。如此一来，在阅读教学中，各学段都有训练的侧重点，阅读教学更有目标性，同时也符合学生的心理认知特点。正所谓什么季节开什么花，如果我们能准确把握学段训练目标，就能让学生在不同学段都能"开出最艳丽的花儿"。

二、精准解读教材，上出"文本之美"

阅读教学的魅力在于教材中精选了诸多美文，这些文章多数出自名家笔下，有的为了教学需要编者又精心修改过。所以，当我们拿到文本的时候，需要在文本里穿梭、思考，走个来回，看个透彻，如此才可能明白"用文本来教什么"。然而在实际的教学中，多数语文教师并没有这样去做，而是直截了当、囫囵吞枣式地解读文本，直接使用教参、精编教案的解读。拿来主义是语文教师普遍的特点。这样做的后果是什么？你讲了一些正确的废话，你讲了和没讲没什么区别，因为学生手里的参考书上全部都有。偶尔你会觉得学生的回答和你想要的答案如出一辙，还要大力表扬一番，岂不知那并不是学生自己思考的结果。为什么我有如此感受？初上讲台时，我也这么干过，所以我懂得。而后，我发觉学生对语文课越来越不感兴趣，就开始反思，开始改变。其中一个转折点就是遇到了全国著名特级教师李卫东，他告诉了我解读文本的诀窍就是先读文本，不看任何教辅或参考书。静静地，一遍又一遍地读文本，小声读、大声读、默读，直至把文本融会于心，然后再去翻阅参考书，取长补短。长此以往，你的语文课便不同于常人，往往令学生眼前一亮。就如李卫东老师执教的《狼牙山五壮士》，突破了常规的教学，抓住了一个字眼"走"，把课上得入情入境。解读文本需要独立思考，更需要文本之外的功夫。这功夫就是多读书，多动笔，方能发现解读文本的密码。

三、准确定位目标，上出"简约之美"

过去有人经常这样形容阅读教学：模模糊糊一片。的确有这样的现象。一节课教师什么都教，字词句段篇，听说读写唱，全部到位，没有一样不是语文学科的任务，但是结果却不尽如人意，导致课堂内容过于冗长繁重，导致学生厌烦课堂，以致学生学习效果不好。其实，教师的初心是好的，却没有达到好的效果。原因在于教师贪多、贪全，所以我们提倡"一课一得"的阅读教学。学习语文是一个长期的过程，岂在一朝一夕？一篇文本的教学，课时目标的确定是课堂教学清晰的前提，我们常常要面对切分教学内容的困境，有时活生生地把一篇完整的文本切成两半，有时为了文本的完整性教学成了走马观花。如何让阅读教学的目标清清楚楚、明明白白呢？我想读了薛法根的"组块教学"之后，头脑就会清醒许多。其实，要让阅读教学的课堂简单、清楚，最关键的是确定教学目标，目标清晰则教学简单。

四、抓关键破难点，上出"赏析之美"

教材中的选文本身就是美文，这种美需要教师引导学生去发现，去体验，去感受。阅读教学应让学生品尝文字、文化的滋味，其方法是在引导学生理清文章脉络的基础上，指导学生品词析句。

构成句子成分的是词语，所以词语的理解至关重要。现在的诸多教学为了凸显学生的主体性，往往对于重点词语的教学一带而过，简单地抽个别学生读读词语解释，学生是否真正理解，是否掌握了理解词语的方法不得而知。我记得薛法根老师在给学生讲"奴仆"这个词时，就讲得特别巧妙。他没有直接讲词语的意思，而是讲了两个故事。学生听着故事，似穿越回古代，亲眼看见了奴仆的生活场景。学生记住了故事，理解了词语的含义，可谓两全其美。中央电视台有个栏目叫《鉴宝》，在专家没有鉴定那些文物之前，我们看起来就是普通的器具，没有什么了不起之处。而等到专家鉴定后，讲讲它的出处、它的历史、它的故事，我们顿时觉得这些器物真是宝贝。阅读教学，如果我们通过赏析让学生如获珍宝，岂不美哉？

五、指向语言运用，上出"言语之美"

汉语之美在于其是音形义的统一。《义务教育语文课程标准（2011年版）》明确指出，学习语文就是正确理解和运用祖国的语言文字。阅读教学的重点是学以致用，不同的学段，不同的文本，应该有不同的训练重点。言语是思维的外在表现，阅读教学应该把发展言语智能放在首位。《火烧云》这篇文章我们都不陌生，也有很多教师上过公开课，但是薛法根老师教《火烧云》与众不同。面对这篇经典的老课文，薛老师从言语表达入手，通过朗读、理解、模仿、想象，最终让学生练笔，学生由"仿"到"创"，经历了学习语言、运用语言的过程，更重要的是让学生体验到了成功运用语言表达的乐趣，突然发现自己的表达也可以如此之美，表达的自信猛增。

六、强化朗读训练，上出"童声之美"

阅读教学重心在"读"，课堂上书声琅琅，读得有声有情，课堂自然就美妙了。小学生正处在朗读训练的黄金年龄，朗读能够很好地训练孩子们的语感，长时间进行朗读训练更有利于口语表达。可现在的语文教学，有诸多孩子不会朗读，一张口就是"唱读腔"，就像动画片的配音，特别奇怪。所以在阅读教学中，我们必须对学生的朗读进行指导。孩子不是天生的朗读者，教师也知道朗读的重要性，课堂上留足了时间让学生读，可是效果不尽如人意。那么如何指导？范读，应该是最便捷的方法。我们看于永正老师上课，学生读不好时，他就亲自示范，甚至是他读一句，学生读一句。

当然，这就要求教师自己必须能先读好，才能教学生读好。作为语文教师，练就朗读的本领是最基本的功力。我们听王崧舟老师上课，每当他张口朗读时，似乎全世界都安静下来，无人不陶醉在他那美妙的声音中，学生耳濡目染，诗意语文便自然而生。

七、坚守育人重任，上出"文化之美"

语文的"文"，是文字、文学，更是文化。教材所选的篇目均是优秀的作品，均是人们百读不厌的文章。这些文章之所以作为学生学习的范本，最主要的原因是承载着中华的优秀文化。因此，设计每一节阅读教学，实施每一节阅读课，我们都不能忘了教材还承载着传承文化的重任。我们在阅读教学中要有意识地通过一个字、一个词、一种文学样式，让孩子感受到中国文字的魅力，感受到中国文化的神韵。

八、珍视独特体验，上出"个性之美"

阅读教学的有趣就在于不同的读者读相同的作品，他们的体验是不一样的，可我们经常在阅读课中听到孩子们的阅读体验却大致相同，重要的原因是教师按照教参或按照自己的理解去左右孩子的感受，造成孩子们没有了自己的体验，即使有独特的感受，也不敢表达，时间一长便麻木了，淡然了。长此以往，孩子的天性就被这样的课堂抹杀了，创新能力从何而来？所以，在阅读教学中，我们应该珍视孩子的独特体验，我们在对待孩子的理解和表达时，应尽量站在孩子的角度去思考，不要把"教学参考"当作尚方宝剑，斩断了学生的创新思维。

九、关注情感培养，上出"人文之美"

文字本是符号，因为有了情感，所以文字便有了生命。在阅读教学中，我们常常要求学生有感情地朗读课文，体会作者的思想感情等，都离不开一个"情"字。学生的情感自然区别于成人的情感，但是学生的情感往往是真挚的、淳朴的、独特的。人之初，性本善。每个孩子天生都是善良的，为什么随着年龄的增长"恶变"？是因为我们没有守着根源，没有把善培育好，守护好。我们的阅读教学一定是人文性与工具性的统一，我们通过一篇篇选文，传递美好情感，守护学生的"人之初"和"真善美"。情动而辞发，任何作家的文字都是情感的体现。王崧舟老师的经典课例《枫桥夜泊》，我看了一遍又一遍，之所以让我为之入迷，是因为王老师在课堂上动情了，他俨然已经化身为张继，诉说着千年的愁绪。人是感情动物。课堂上如何让学生紧紧依附于文本？唯有"情"这根绳才能拴住学生的心。

十、注重拓展阅读，上出"课外之美"

若把课内阅读比作"井口"，那么课外阅读便是"天"。得法于课内，用法于课外。这是我这么多年阅读教学的体会。《义务教育语文课程标准（2011版年）》中对小学阶段的课外阅读量要求是不少于145万字，这是个基本任务，而对于大多数小学生而言，也是个艰巨的任务。众多学生喜欢游戏而不喜欢读书，这是老师和家长都比较苦恼的事。解决这个问题，关键还在于兴趣的培养。如果有了读书的兴趣，不少于145万字的课外阅读可能不到一年时间就会轻松拿下。兴趣培养的方式方法较多，我觉得把课外阅读引入课内就是个不错的方法。语文教师一定不要让自己的目光仅停留在教材那几篇文章上，要放眼教材之外，那里别有洞天。我上《刷子李》那课时，拿出了冯骥才的《俗世奇人》，读了《泥人张》和《苏三块》，让学生在比对中感受小说的人物形象。没有想到，学生不到两周就把两本书全部读完。为此，我写了一篇文章《从一篇文到一本书》，记录了课内阅读引入课外阅读的神奇魔力。

以上"十美"，各有其美，并非每节课都得"十全十美"。"鱼"和"熊掌"不可兼得，阅读教学中我们只要懂得取舍，美——自在其中。

快乐习作快乐教

提及作文，我就想起了我小时候写作文的情景。那时候教师从不指导怎么写，更没有作文书可以参考，只是一股劲儿埋头胡编，有时连编都编不出几个字来，那感觉太痛苦了。如今，自己也成为一名语文教师，我始终有一个梦想，那就是教孩子们轻松、快乐地习作，让孩子们不再抱怨"写作文难，难于上青天"。

一、我的习作教学之疑惑

18年的语文教学，我发现不仅仅是学生怕写作文，好像很多教师也怕教作文。我听过很多公开课，上的大多数都是阅读课、识字课，很少有教师在公开场合上作文课，就是有那也是全国有名的大师才敢登台献艺。我曾经也尝试着上一些作文公开课，可每到准备之前，总会有经验丰富的教师出于好心而好言相劝："你还年轻，上作文公开课太难了，课堂不好掌控，学生发言不容易出彩……"每次都是激情飞扬地拿起来，又轻轻地放下去。后来，我有很多机会到各县区去送教，每次与教师们交流语文教学的困惑时，大多数教师谈到的都是学生不会写作文，他们也不会教作文。每当谈及这样的话题时，我总会从教师们那儿打听他们平日里究竟是怎样教作文的，以下是我收集到的部分作文课的教法。第一类：学生读读习作的要求，理出个提纲便让学生开始写，整个指导过程10分钟即可。第二类：学生读读习作要求，教师指导习作需要注意的问题，再读一至两篇范文，让学生开始自己习作。第三类：明确习作要求，教师给出习作的框架，给出习作的范文，让学生按照模式写，按照范文模仿。我一直在思考，这样教作文，学生真的会写吗？学生能写好作文吗？学生能爱上习作，能快乐习作吗？

二、我的习作教学之探索

带着思考，带着疑惑，我又开始在作文教学中游历，暗下决心，我一定不能像那样教作文。于是，在学校里我主动上作文公开课，请全校语文教师来听，共同研究作文教学的新途径。经过同行的帮助和自己的努力，我终于找到了一些能让孩子轻松、快乐面对习作的途径。首先是走进孩子们的心灵，倾听孩子们的心声，消除其在心理上对写作文的恐惧。其次是帮助学生解决写作素材问题。"问渠那得清如许？为有源头活水来。"想让学生写出好文章来，必须教会孩子学会积累写作的素材。平日教学中必须教会孩子们学会观察生活，做生活中的有心人。同时，在班里开展丰富有趣的活动，激发学生写作的兴趣，解决学生习作时"无米之炊"的问题。再次就是降低习作的要求，根据新课程标准对各学段习作的要求评价学生的习作，不提高标准，鼓励学生自由习作，以此促成其写作的自信。最后是把讲评作为习作教学的重要环节。很多教师可能更多注重的是习作的指导，其实，学生更期待的是讲评，他们渴望自己的作文能在全班同学面前展示，他们愿意全班同学来评议自己的作文，这样更能激发他们对写作的热爱。

三、我的习作教学之实践

有了从教学中总结的点滴，再把一些习作教学的新理念运用于教学实践中，我发现学生慢慢喜欢上习作课了，我也逐渐找到了习作教学的迷津，越来越喜欢教如何写作文了。2012年6月，经过比赛，我有幸代表陕西省参加全国第九届小学语文青年教师阅读教学观摩活动。我报了一节录像课，录像课的内容只能报识字、口语交际、综合实践和习作，我毫不犹豫地选择了习作教学。教材对习作的要求是把观察到的场景写具体、写清楚。新课程标准指出，要让学生养成留心观察周围事物的习惯，有意识地丰富自己的见闻，珍视个人的独特感受，积累习作素材。因此，习作指导要引导学生关注生活，热爱生活，有意识地培养学生的观察能力，表达自己的真情实感。结合学生的实际情况我设计了吹气球比赛的场景，意在让孩子们在欢乐、轻松的气氛中全身心地投入，调动多种感官，多角度去感受、去体验，学会点面结合的方法，把看到的场景写具体，有层次、有重点、有顺序地进行习作，并能抓住人物的动作、神态、语言、心理活动进行描写，从而让学生学会如何去描写场景。

根据设计理念，我设计了这样的教学过程：

一，激趣闯关，抛砖引玉。我设计了闯关游戏，让学生迅速判断以前学过的各种描写方法，为学生写场景时做好铺垫，起到抛砖引玉的作用。二，制定规则，准备游戏。无规矩不成方圆，我制定了比赛的规则，根据规则让每个小组推荐一名代表参赛，同时要讲清楚推荐的原因，意在营造氛围，锻炼学生的口语表达能力。三，玩中表达，其乐无穷。开始进行比赛，第一组是女生小组赛，要求学生认真观察气球的变化和台上选手吹气球的样子，比赛完后交流谁给你的印象最深，就把她吹气球的过程描述出来，注意说出选手的动作、神情。第二组是男生小组赛，要求男生吹气球时摆一个造型，台下同学不仅要观察台上的比赛还要关注周围同学的表现，目的在于指导学生有点有面地描述比赛的过程。四，巅峰对决，深化体验。小组冠军对决应该是最精彩的，但是观看这样的决赛对大家有更高的要求。用一段话对比赛的过程进行详细的描述，台上的比赛经过详说，台下的场面可以略说，引导学生详略得当地表达。五，提炼写法，开始习作。结合刚才的交流过程，提炼出习作方法，提供写场景的好词佳句，学生当场习作。六，自评习作，自我推荐。千金难买回头看，文章不厌反复改。好文章是改出来的。完成习作后，让学生自己把这篇习作写得最好的地方读给大家听听。学生自我推荐，可以是一个词，可以是一句话，也可以是一个好的开头、一个好的结尾、一个好的段落。但是一定要讲出好在哪儿。此环节在于培养学生自我评价习作的能力。七，小组互评，交流学习。欣赏自己的习作，让自己找到写作的自信；欣赏他人的习作，更能学到习作的方法。以四人小组为单位，互相交换习作，欣赏他人之作。要求请把你认为写得精彩之处用红色的波浪线画出来，并在旁边写上评语，交流汇报，谈推荐的原因。最后出示病文，找出问题，共同修改。目的在于学会欣赏他人习作，学会自己修改习作。八，自荐佳作，全班赏析。将修改后的习作与大家分享，全班学生认真听，听后交流感受，评出文章的优点和修改建议。

四、我的习作教学之效果

摄像机的镜头记录了 80 分钟的教学过程，在这节习作课上，学生们呈现了以往没有的高涨情绪，对习作的惧怕转瞬即逝，对习作的信心骤然提升。《一场激烈的比赛》《刻骨铭心的画面》《精彩！精彩！》《气球，连着你我他》等一篇篇佳作在学生的笔下生花，短短 30 分钟的时间，学生现场习作，精彩的画面被记录下来。

片段一：

女生小组先比赛，学生的眼睛都睁得圆溜溜的，目不转睛地盯着赛场。陈老师一声令下，只见选手们个个精神抖擞，鼓起腮帮子使劲儿地想尽快吹爆气球。刚开始，小黄同学把气球吹得最大，但是小胡同学后来者居上，在同学们激动的加油声中，只听"砰"的一声，气球就在小胡同学嘴边开了花。

片段二：

令人期待的男生比赛开始了，小李同学面红耳赤，就数他的气球最大，可是他太紧张了，一不小心气球就挣脱他的双手飞了出去，他只好从头开始。小卢同学趁着这个机会，一马当先，使出全身力气对付气球，终于成为男生小组赛的冠军。

片段三：

大家期待已久的总决赛开始了，两个同学势均力敌。随着一声哨响，两个人把吃奶的劲儿都使上了，只见两个彩色气球的颜色渐渐变淡了。台下所有同学都心急如焚，恨不得帮他们使劲儿。有的同学捏紧拳头，捏出一手冷汗；有的同学站起来，拼命地为他们加油；有的同学两手捂住耳朵，嘴里喊着"加油"。我心里像十五个吊桶打水——七上八下的。随着时间一秒一秒溜走，气球在选手嘴边越来越亮，赛场的气氛越来越紧张，比赛越来越扣人心弦。突然，"砰"的一声，巾帼不让须眉，小胡同学跳了起来，冠军诞生了！

五、我的习作教学之反思

读着孩子们一篇篇富有个性的习作，我体会到的是学生的思想，感受到的是学生愉悦的心情，更值得欣慰的是孩子们能轻松写作了。我想孩子们之所以在这一次习作中能轻松上阵，快乐地写，一是我在课堂上设计了玩游戏的活动，让孩子们在欢乐的气氛中全身心投入，调动了多种感官，从多角度去感受、去体验，所以学生能创作出更富有个性、有着独特感受的作文。二是利用吹气球比赛这一生动的游戏，设计了比赛活动，激发学生积极参与，自动观察，乐于表达。在学生有一定的观察体验时，及时引导学生将所见、所闻、所感表达出来。学生由于沉浸在比赛的兴奋状态中，所以表达自然流畅，独到精彩，表达能力自然有所提高。三是在教学活动中，我把学生看作玩伴，通过自己扮演不同的角色引领学生不断自然地更换角色，引导学生从不同角度观察，加深学生的体验。整堂课被笑声、掌声、呐喊声包围，在这样快乐的氛围里，学生又如何不能快乐习作，写出好的作文呢？四是引入习作的自评自改、互评互改，让学生在欣赏自己习作的过程中找到习作的自信，在欣赏同学的习作的过程中找到兴趣，在互改习作的过程中找到快乐。

快乐习作需要快乐教。只要教师善于钻研，善于发现，善于创新习作教学的模式，利用新的教学理念，立足于儿童的视角，采用多种教学手段去教作文，我们何愁学生不能快乐习作呢？

（此文发表在《小学语文》2013年第3期，有删改）

快乐读书吧

——孩子"悦读"的开始

读书的重要性众所周知,可是孩子们的读书兴趣和习惯依然不容乐观,令家长、教师感到忧愁。统编小学语文教材在每册安排了一期"快乐读书吧",意在把课外阅读纳入学校教学课程,这一变革对于提升全民阅读素养起到了至关重要的作用。

明知重要,却无从下手,这应该是一线语文教师最苦恼的事。我们看到"快乐读书吧",教学内容非常简单:一本或几本推荐的书,一句或一段编者的导语,偶有书中的片段节选。这样的课程如何化作教学活动呢?

一、营造轻松氛围——乐读

"快乐读书吧"中有两个关键词。一个关键词是"快乐"。如何才能快乐?我认为从读书中获取的快乐,才是真正的快乐。要让学生感受到读书的快乐,兴趣是关键。培养学生读书的兴趣方法众多,因人而异,但是有些方法起到了反作用。比如,写读后感,写读书体会,写读书积累卡等,看似是任务驱动,其实是学生读书的负担。二是关键词"吧"。这里既可以作为语气词,也可以理解为名词,如酒吧、茶吧、书吧。这些"吧"有相同的特点——在这里可以放松心情,无压力地从事自己喜欢的事情。编者把实施整本书阅读的教材板块命名为"快乐读书吧"应该也有相同的目的。任何事情我们把它想困难了,就越发复杂;我们把它想简单了,就越发容易。因此,"快乐读书吧"没有那么神秘，其重要使命就是让学生感受到读书很快乐，而教师需要做的就是激发学生阅读的兴趣。

执教《快乐读书吧——读读童话故事》时，我始终把课堂当作书吧，用童话的语言创设情境。如："老师要带领同学们到童话王国去旅行，童话王国里到处都是童话书，好看极了。"儿童天生喜欢童话，加之教师的调动，便会产生强烈的阅读愿望。

二、渗透读书的策略——品读

一旦有读书的兴趣，我们便可以渗透一些读书的策略。让学生掌握并运用读书策略更能激发其阅读兴趣。怎么理解呢？好比你喜欢写字，就会去研究怎样才能把字写得更好，字越写越好，写字的兴致也随之高涨，读书也是如此。

当孩子有了读书的兴趣时就可以教一些读书的策略了。在《读读童话故事》一课中，我让他们根据图书的封面猜测故事的主人公，猜测角色之间有可能发生的故事，孩子们内心阅读的火焰越燃越烈。我以孙幼军的《小狗的小房子》为例，引导学生观察封面有哪些角色，还可能有哪些角色出现在故事中。学生猜测有小狗、小猫、大灰狼……猜测没有对错之分，重在把学生放在主体位置，无论猜什么都予以评价"有可能"！接着，引导学生猜测角色之间可能发生的故事。这一设计更是"一石激起千层浪"，故事有千万种可能，每位小朋友心中的故事都是唯一且原创的。更重要的是，猜测调动了儿童已有的阅读、学习、生活经验，他们体会到了成就感。同时，还有期待感、神秘感、疑惑感……这些感觉会自然地牵着儿童的手翻开解惑的那本书。

书的迷人之处是它可以带你到任何你想去的地方，这也是文字的魅力所在。正所谓"一千个读者就有一千个哈姆雷特"，相同的文字浮现在每个人脑海里的画面不可能完全相同。根据这样的特点，我们就可以采用另一种策略——想象。在读童话故事时，想象真的特别奇妙，我们可以引导学生选择一个角色进入童话故事中，参与故事中的情节，让自己成为童话的一部分。当到达这种境地时，学生与书已经融为一体，到达了"我即是书，书即是我"的境界，既好玩又有趣。在《读读童话故事》一课中，我以《一只想飞的猫》为例，设计了这样激发学生想象力的环节："这只猫害怕大扫除，在大树下装睡。如果你是大鹅、鸭子、公鸡……请选一个角色劝劝这只猫。"学生瞬间进入情境，公鸡要用高亢的打鸣叫醒猫，大鹅要用长长的脖子把猫拉起来，鸭子要用扁扁的嘴巴把猫扯起来……一时间，课堂成了童话故事的现场。

随着儿童年龄的增长，可以教给其更多的策略，如批注、分类、提问、有目的阅读等。但是要切记，教策略的基础是孩子已经有了读书的兴趣，此时的策略不是负担，而是继续保持兴趣的润滑剂。

三、挖掘作品特点——想读

每本书都有可读的价值，每位作者都有个性特点。小说有迷人的故事情节，诗歌有细腻的情感，神话有神奇的想象，寓言有讥讽的味道，童话有美好的向往。发现作品和作家的特点，更有利于激发儿童对阅读的期许。

儿童接触最早的书籍多数为童话。儿童阅读童话的能力是天生的。诸如《小蝌蚪找妈妈》《小壁虎借尾巴》《卖火柴的小女孩》等这些经典的童话之所以为儿童所爱，其中最大的原因就是创作者利用了"反复"的手法，不断地吊着儿童的胃口，让孩子产生一读到底的力量。在《读读童话故事》这课中，编者推荐的《一只想飞的猫》也有相同的特点。猫见到谁都要自吹自擂地讲："我是猫，我一伸爪子就能逮住十三只耗子！"结合文本的特点，引导学生猜想猫碰伤了鸡冠花会怎么说，逮住了蝴蝶会怎么说，遇见了邻居鸭子会怎么说。学生发现这只猫无论见到谁都在吹嘘自己，而且总说一句相同的话。这种反复是作者有意的强调，目的就是让读者感到好玩，越好玩，儿童对这本书就越感兴趣。

四、给足读书时间——能读

统编教材设立"快乐读书吧",意味着要把课堂上的时间抽出来给孩子读书。但是现状却不尽如人意,多数教师还是用来讲解分析,甚至教教材。其根源在于理念没有发生转变,眼界过于狭窄。教语文的核心是读和写,如果把读教材比作一颗小星星,那么读课外书就如同浩瀚的宇宙。孰轻孰重,我们可以自己掂量。

18年的教学时间,我尝试每一节课用10分钟让孩子读课外书,推荐好书,似乎也没有影响孩子们的语文成绩,反而学生学习语文的积极性越来越高,到了初中、高中学习后劲儿还越来越强。当然,课堂上的课外阅读重在激发阅读兴趣,有了兴趣我们还要保证孩子每天有时间阅读。如果我们布置过多的书写作业,学生的时间都耗在了练习册中,就算孩子想读也没有了精力保证。有人说,只要想读总会有时间的。没错,但这话更适合成年人。对于儿童,他们无法理解"时间就像海绵里的水,只要挤总会有的"。玩是他们的天性。那么如何保证阅读时间?我试着把每天读书半小时作为作业布置,一开始有点儿"强制阅读"的意思,时间长了,"强制"慢慢就成了一种习惯,习惯一旦养成,任务也能成为动力。

五、持续跟进评价——永读

"快乐读书吧"是带领孩子由读一本或者几本书到自觉读书的过程,也就是养成终身读书的好习惯。面对电子产品的诱惑,面对巨大的升学压力,面对阅读的碎片化,让孩子安静地读书实属不易。作为语文教师,在推动整本书阅读的过程中,我们可以做什么?不是简单地把读书作为任务布置下去,也不是上一节整本书阅读就完事,而是应该持续推进和评价。

常规的"快乐阅读吧"教学应该有导读激趣课、推进策略课、交流展示课,至少需要3课时,贯穿整个学期。学生读书与写作一样,最终都希望得到评价和认可,作品可以发表,读书心得可以分享。分享不一定要形成文字稿,写读后感是孩子厌恶阅读的罪魁祸首。读一段精彩选文,谈一个喜欢的人物,讲一个有意思的词语,聊一个难忘的故事,道一个启智的道理……当孩子站在讲台上,面向全班汇报分享时,你会发现他们因读书而更有自信。曾经为了让每个孩子都能上台分享自己读书的成果,三天的语文课我全部给了他们。现在我还能清晰地记得当时的场景,对于孩子们可能也是最值得怀念的时光。所谓"跟进",即教师要常提及读书的事,甚至节节课渗透都不为过,因为小孩儿的特点是最听老师的话!

让孩子浸润在"快乐读书吧",用"全世界的营养品"滋补其身心,用"人类进步的阶梯"助力其成长。

古诗教学，也可以轻装上阵

——以统编小学语文六年级下册《古诗三首》之《石灰吟》为例

统编小学语文教材中古诗文数量大幅度增加，可见编者之意图。古诗教学，诸多教师因为"古"觉得其历史悠久而担忧不可驾驭；又因为"诗"，觉得意境深刻而担忧不可"枉为"。古诗，因其自身的特点，对执教者提出了更高、更多的要求。但是，如果我们因为这些受到了羁绊，把古诗教得深奥、复杂、无趣，那就失去了古诗教学的真正价值。久而久之，学生对古诗不但不会产生兴趣，反而会因畏难而避之。

古诗教学能否像其他课型一样，教师也能轻装上阵呢？我学校的程老师执教了一节《石灰吟》，课堂清澈如泉水，洁净如碧空，流畅如行云，令人豁然大喜，原来古诗教学也可以如此明净而简单。

一、教得有序，诗教的范式

有序则不乱，课堂教学需要根据教学目标进行有意识的设计，教学流程是否清晰，与教者的教学思路密切相关。教学是一种建立在技术基础上的艺术，所以设计教学须从技术层面做起。程老师执教的《石灰吟》，其教学流程的设计可谓古诗教学的范式。称为"范式"，是因为我们可以拿来即用，适合所有古诗的教学。对于青年教师来讲，范式提供了便捷的方法，无须弄懂为什么这样设计，只须照着这样去做，随着教学经验和阅历的不断丰富，逐渐就会明白"范式"的意义。教学技术和练习武术有相通之道，那就是从基本功练起，一招一式练好了，才能达到"无招胜有招"的境地。程老师执教的《石灰吟》整节课分为五个部分：一是以诗会友，导入课题；二是诗词有韵，诗意绽放；三是显性抒情，明了意境；四是诵读抒怀，表达崇敬；五是拓展阅读，走向课外。五个部分浑然一体，既有层次，又有联系地把古诗教学的通其文、知其意、悟其情、诵其韵融入其中，这是古诗教学的一般模式。如果我们能按照这样的设计把每个环节做实在，即高效的古诗教学。

二、讲得有味，诗教的言辞

好课绝对离不开教师的讲解，一位优秀的教师也必然是一名优秀的演讲者。在课程改革的推进中，我们强调自主、合作、探究的学习方式，并不是让教师完全放手，应该是在教师有意的组织下、精彩的讲解下、超前的引导下，让学生学会自主学习、合作学习并具有探究意识和精神。现在听课，我们经常看到的是教师布置任务，学生完成任务，课堂像是机械运动一样，鲜能听到教师独到深刻的、启迪未来的、发自肺腑的精彩讲解。有的老师是唯恐多讲被观课者批判，有的老师则是以少讲为荣。其实无论多讲、少讲，只要讲得有味、有趣，学生因此而受到教育和启发，这样的讲就是最好的教学。

"腹有诗书气自华。"对于古诗教学，教师的讲尤为重要。若"以诗解诗"，以精准的语言带领学生由今入古，进入情境，那必将是一个美好的诗境。程老师的课堂，以诗会友，在师生古诗对答之间，把公开课渲染成了诗词大会。在理解诗意的过程中，始终把积累、运用语言作为核心，如对"千锤万凿"的理解，教师引导学生观察词语的特点，交流积累带有"千X万X"的词语。学生兴趣高涨，一时间，千军万马、千头万绪、千言万语、千家万户……一涌而出，此时再来理解"千锤万凿"便水到渠成。

三、读得有情，诗教的融合

古诗怎么教？语文统编教材总主编温儒敏教授给出的建议就是熟读成诵。甚至不需要过多的讲解，学生读得多，积累得多，对古诗的运用就倍加敏感，也就我们常说的"熟读唐诗三百首，不会写诗也会吟"。古诗教学的"读"是关键，但是如何读出诗的味道、诗的情感，则需要我们花心思设计一番。在程老师的教学中，首先做到了读通读准，其次是做到了读出韵味。诗是可以吟唱的，诗人写诗时就特别注重押韵和用字。这首《石灰吟》更是如此。教学时，程老师引导学生发现韵脚，尝试把押韵的字读得饱满而悠长，诗的韵味便自然散发。课堂上最有特点的教学就是融情朗读，教学是作者、教者、学者之间的互动，更是三者之间的情感交融。诗人于谦人生中的悲叹之情，教师教学时充满智慧的激动之情，还有学生学习时的崇敬之情，所有的情感交织在一起，就产生了声情并茂的朗读。诗不仅讲究押韵，更讲究平仄相对，所以读起来音调起伏，变化多样。为此，程老师通过播放吟诵录音，让学生尝试吟诵，古老而又经典的吟诵让学生穿越时空，在历史的画卷里又走了一遭。

四、解得有象，诗教的灵魂

《石灰吟》是《古诗三首》中的第二首，前一首是李贺的《马诗》，后一首是郑燮的《竹石》，细读文本就能发现编者组诗的意图，三首诗在表达上有相同的特点——托物言志。

托物言志，即作者将自己的心情、志向、雅趣等寄托于某种事物，而不是直接表露，这样的文学作品即人品，耐人寻味，更能体现中国人的为人处世。《石灰吟》这首诗的意象特别明显，就是石灰。作者于谦把自己的内心感受寄托于石灰，石灰即这首诗的意象。只有找到了意象，我们才能透过表面看到古诗隐藏的爱恨情仇。找到了诗的意象，还须解象，也就是具体化、通俗化、形象化地为学生呈现出事物的本质，便于学生学习理解。在程老师的课堂上，解象之巧妙，可见其匠心独运。

随着我的文字，我们再次走进课堂。石灰，这个陌生的事物，别说小学生，就连成人又有几人熟知？结合这样的学情，程老师通过播放"石灰制作过程"的微视频，把课堂拉到了"烧石灰的现场"。取石、烧制、冷却、浇水、沉淀这一系列过程，展现了石灰的由来。此刻，"学生只知石灰洁白如雪，不知其经历不凡"的问题不解自破。

于谦为什么要选择石灰来寄托自己的志向呢？著名特级教师武凤霞在谈到古诗文教学时指出，古诗教学须关注古诗背后的故事。其实这时候就要通过一首诗走近一个人。当程老师让孩子们猜这首诗是于谦多大年龄所作时，我也在默默猜测，心想至少应该在40岁过后了。当揭晓这首诗是于谦12岁所作时，我有种特别的冲动，特别想走近于谦，想去查查他究竟是一个什么样的人物！恰在这时，程老师出示了于谦一生的简历：

他做人非常清正，从不和势利小人来往。

他先后惩治贪官几百人，有"于青天"的清誉。

他每次进京办事，从不带任何礼品给高官，有人劝他带点儿土特产，他笑着举起衣袖说："带有清风！"

他十分清廉，因于谦忠心报国，战功卓著，皇上赐他一只玉猫金座钟，被于谦拒之门外。

他一生安于清贫，临死前，家里除了皇上赐予的宝剑等物品外，别无余物。

这一段文字也足以让学生震撼，12岁立志清白做人，一生为之坚持。原来，于谦正是用石灰来自喻，这种写法就是托物言志。古诗中用这样的写法创作的诗颇多，程老师顺势推荐了以下几首：

不要人夸好颜色，只留清气满乾坤。——王冕《墨梅》

千磨万击还坚劲，任尔东西南北风。——郑燮《竹石》

要知松高洁，待到雪化时。——陈毅《青松》

这里不仅让学生明白了"物"可以言志，更学到了表达的技巧，对于意象的感受更加深刻。

五、学得有效，诗教的生命

古诗到底学什么？除了积累、诵读、理解、感受以外，学生还应该学什么？这是我一直在思考的问题。古诗词作为中华民族优秀传统文化中的一类，教学时是否还须从文化背景角度挖掘其教学价值呢？答案是肯定的。脱离文化背景，创作不出千古佳句，这些诗作也不可能流传千古。

基于这样的思考，在教学中可以逆向思考。于谦"粉身碎骨浑不怕，要留清白在人间"。那么,他会"怕"什么？程老师在教学中设计了这个问题。从学生的交流中来看,起到了"一石激起千层浪"的效果。于谦从小学习刻苦，志向远大，然而社会复杂，诱惑颇多，要做到出淤泥而不染，就必须有顽强的意志、坚强的毅力和强大的内心。此刻，不仅是这首诗，于谦这个人物的形象已经深深地镌刻在学生的心里。我们不用再去填塞什么向于谦学习之类的言语，对学生人格的培育已经潜移默化。于漪老师说，真正的教学不是教在课堂上，而是要教在学生的心上。所以，古诗教学还要从文化传承的角度设计教学，用文化拂去凡尘，洗涤心灵，造化人生，这样的学习必将刻骨铭心。

课堂上的轻松，是课堂下的不轻松，也只有经历了不轻松才能到达轻松。达·芬奇画鸡蛋，贝多芬创作《月光曲》，文与可画竹子，王羲之写字……从表面看来，他们都是那么轻松自如，这种轻松源自千锤百炼。如果我们也可以做到，就算是古诗教学，也可以轻松上阵。

让每一个儿童成为读者

没有阅读，面容就没有气色；没有阅读，人生就没有精彩；没有阅读，生命就没有回忆。对于儿童来讲，阅读能让他们的童年更加充满神奇，更加具有趣味，更加生气勃勃！阅读填补了儿童生活的空白，阅读插上了儿童想象的翅膀，阅读健全了儿童成长的生命！推广儿童阅读，让每一个儿童成为读者，是新时代赋予学校、教师、家长乃至整个社会的神圣使命和光荣职责。

一、学校是推进儿童阅读的主体

一所不重视儿童阅读的学校必然没有生命力，相反，学校就会成为儿童的乐园。学校要把"儿童阅读，书香人生"作为办学的理念，为儿童提供阅读的环境，打造优美的阅读空间，尤其要把班级图书角建好用好。有了班级图书角，孩子的课间就不会无所事事，而是尽情享受阅读的快乐。孩子们自己管理，自己阅读，班级里就会形成浓浓的阅读氛围。同时要倡导每一名教师做书香教师，成为儿童阅读的导师。在我所在的学校，试行了"1+1"读书要求，即每位教师每人每学期阅读一本专业书＋一本儿童文学类书。前者是为了提升教师的专业素养，后者是为了教师能更加了解儿童，亲近儿童。

冰心说："读书好，多读书，读好书。"学校一定要为孩子们开出书单，让他们有好书可读。读好书比多读书重要，阅读的质量比阅读的数量重要。当然，还可以通过开展丰富的活动，为儿童营造阅读氛围。

（一）经典诵读，传承优秀文化

优秀传统文化是一个国家、一个民族传承发展的根本，如果丢了，就割掉了精神命脉。所以中国优秀传统文化是中华民族的"根"和"魂"。通过让儿童诵读经典，让学生从小接受传统文化的熏陶，为传承优秀传统文化奠定基础。学校可以把早读前10分钟作为经典诵读时间，每周升旗仪式上安排一个班级进行经典诵读的展示，每学年筹划一个大型的经典诵读展演活动。

（二）用心策划，办好读书节日

利用好每年4月的读书月活动，积极开展好书推荐、读书交流、跳蚤书市、书签设计大赛、师生同读一本书、我为故事配插图、制作读书记录卡、写读书笔记等特色活动。在师生中掀起一股阅读的热潮，影响带动一大批家长广泛阅读，小手拉大手，共建书香校园、书香社会。

（三）阅读共长，评选书香家庭

最是书香能致远，腹有诗书气自华。为了鼓励儿童热爱阅读，学校可以每年评选"最美书香家庭"，通过个人申报—班级竞选—学校颁奖，展示每个家庭精彩的读书故事。每年度评选"读书小明星"，展示学生自己读过的书籍，让学生分享读书的收获。

（四）读书办报，阅读促进实践

读书让孩子们的内心更加充实，我们就要创造条件让孩子们展示读书成果。学校可以让学生办读书报，在活动中不仅展示孩子们读书的收获，还能锻炼孩子们动手、动脑的能力。色彩丰富、构思巧妙的读书报评选，这是给孩子们读书活动极大的肯定与鼓励。展示这些优秀作品，为全校孩子树立学习榜样，必然引发学生对于阅读的喜爱。在低年级，根据儿童的特点，我们还可以让孩子进行绘本制作与创作，极大地激发了孩子的阅读兴趣。

(五) 阅读争章，开发儿童动能

在学校开展读书争章活动，全校学生均可以参与。例如，我校就设计了"安康市第一小学阅读章"，每学期每位语文教师有 50 枚，随时对爱阅读、在阅读活动中表现优秀的学生进行奖励。每个孩子都有一个争章本，用来帖章，并在旁边写清发章人、得章原因等。每学期期末，学校根据同学们的争章本评选出 100 名争章小明星，小明星的照片通过电子屏向学生家长和全校学生进行展示。

(六) 开设课程，教给阅读方法

学校要开设阅读课，最好由语文教师任课。主要通过绘本阅读、名著阅读进行整本书的阅读教学。在语文教学活动中积极开展"群文阅读"教学，把统编教材中的"跟大人一起读""快乐读书吧"作为重点，在课堂教学中积极探索有效方法，贯彻新课程理念，在阅读教学中落实"1+X"教学理念，即通过一篇课文引出多篇课外文章供学生阅读，延伸阅读教学，拓宽阅读视野。

二、教师是推进儿童阅读的主人

一个儿童，从出生到成年，大部分时间在校园，接触时间最长的就是教师。教师是否关注、是否有意识、是否愿意去落实儿童阅读至关重要，所以教师是推进儿童阅读的关键人物。课堂虽然是学生的课堂，但是教师可以通过多种活动形式让学生的课堂更有书香味。

(一) 读书交流会，让读书的儿童"乐"起来

让儿童读书，兴趣第一位。大部分学生都喜欢读课外读物，但一部分

学生不得要领，事倍功半，而且一本书不能坚持读完，读着读着就失去了读书的兴趣。学生进行课外阅读，须得到教师、家长、同学们的认同和赞许，从而满足自己的成就感。开展读书交流会即可达到展示的目的，形式通常有这几种：一是共读一本书，高年级每月进行一次读书交流，低年级学期末进行；二是选择自己喜欢的书去读，然后每节课前进行读书交流；三是建立班级读书交流群，通过网络进行阅读交流。

（二）图书交易，让孩子的图书"流"起来

通过开展图书跳蚤市场，让孩子把自己读过的书进行交易，让学生感受到图书的价值。在活动中，孩子要做图书海报、图书简介，设计广告语等。首先是让孩子感受活动的快乐；其次是锻炼孩子动手动脑的能力，发展思维；最后就是学生也能感受到要爱书、护书、珍惜书。跳蚤书市分为三种形式：一是金钱交易，二是以书换书，三是无私赠送。不同的形式，孩子获得了不同的体验，经历了不同的感受。

（三）听读"种子书"，让好书把儿童"迷"起来

从 2011 年开始，我就开始尝试在课前让孩子听读"种子书"。什么是"种子书"？顾名思义，像一颗种子一样种在学生的心田，可以生根、发芽、开花、结果。我先后给孩子们读完了《三国演义》《淘气包马小跳系列：忠诚的流浪狗》《小王子》《窗边的小豆豆》《草房子》《笨狼的故事》等。开展这一活动以来，孩子们每节课都充满了期待，读书热情高涨。

（四）制作积累卡，让读书的曲线"美"起来

语文学习最重要的就是积累，让孩子们读书时有意识地做一些有个性的积累，也很有必要。在中高年级开展制作读书积累卡活动，学生把自己读书的收获、体会，把书中的好词佳句记录下来，并请家长给予评价，再配上自己喜爱的图案、色彩就成为一件精美的作品。

(五) 发读书存折，让读书的儿童"富"起来

我班成立了"红领巾阅读银行"，每位同学把自己读的书像存款一样储存在"阅读银行"里，然后把阅读时间、书本名称、作者等信息记录在"阅读存折"上。阅读存折要由家长或教师同孩子一起填写，记录下孩子们在阅读过程中的点滴进步，通过积累财富、表彰先进的方式激励孩子去大量阅读。阅读银行的功能就是存储和提取。阅读是精神意义上的存储，希望所有的孩子能多读书、读好书，在人生的道路上可以随时提取所需要的经验、智慧和能力。开设阅读银行的目的就是：今天存储知识，明天提取智慧。

(六) 课前来推荐，让儿童的视野"广"起来

真正的好书就像著名景点，大家说好才算真正的好。在班级里，除了学校推荐的书目，还有很多有益的书籍。开展"好书推荐"，学生必然要认真阅读整本书，提炼精华，才能在全班同学面前进行推荐。在课前，我通常让孩子利用3至5分钟的时间为全班同学推荐自己读过的好书，这既是对学生阅读的肯定，也锻炼了孩子的口语表达、概括理解能力，活跃了学生的语文学习。

(七) 网络图书屋，让孩子们图书"存"起来

书非借不能读也？书不是借来的就不能好好地去读。大部分学生喜欢买书，但读书兴趣不够浓，读书的效果不明显，一本书往往读很长时间。通过建立网络图书屋，让每个孩子把自己图书的名字、简介等信息录入班级网页中，一个班级就形成了一个巨大的图书馆，孩子们可以互相借阅图书。根据儿童的"别人的东西就是比自己好"的心理特点，他们就会对别人的书充满好奇而借阅。因借别人的东西要及时归还，所以读书的速度就快了，效率也就高了。

(八)课堂展示读,让儿童读书声"亮"起来

课堂永远是教师培养学生读书兴趣、展示学生阅读成果最好的阵地。在课堂上,给孩子一次展示朗读的机会,对培养孩子的阅读兴趣、学习兴趣必将影响深远。我一直倡导在儿童阅读中,必须坚持有声阅读,也就是要保证读书"三到"的"口到"。我们完全可以每月开展一次朗诵会,也可以每节课抽一位同学对自己喜欢或者自认为最精彩的片段进行朗读展示。亮开嗓子传达的不仅是书的内容,还有书中的情感。

三、家长是推进儿童阅读的主角

孩子是由大人牵手进入阅读世界的,无论是自觉的引导,还是无意的带进,大人在孩子阅读方面的作用无论怎么评价也不为过。爱读书孩子的背后往往有爱读书的父母。对孩子说"给我读书"一百遍,不如自己捧起书本读给孩子听,更不如与孩子一起读书。

作为家长,应该成为推进儿童读书的主角。我有这样几个观点:一是儿童的卧室应该是"书的世界";二是家应该是儿童最好的图书馆;三是带孩子去得最多的地方应该是书店;四是放下手机拿起书;五是共读是最温情的陪伴;六是做孩子心中的一本书。

苏霍姆林斯基曾经说过,一个真正的人应当在灵魂深处有一份精神宝藏,这就是他通宵达旦地阅读的原因。其实他说的正是他青年时代的阅读——纯粹,沉醉,通宵达旦,没有功利色彩,这一举动影响着他的一生。这种对于阅读的挚爱,是基于儿童时期的阅读兴趣、阅读习惯与阅读能力的培养。所以,推进儿童课外阅读,任重道远。作为语文教师,我们永远都会行走在推进儿童阅读的道路上。因为,"让每一个儿童成为读者"是我们的执着追求!

第二章 乐于思考

Le yu Sikao

学然后知不足,教然后知困。知不足,然后能自反也;知困,然后能自强也。给孩子们上语文课,给了我反省、思考的机会,记录一点儿教学顿悟,写下一点儿瞬间感言,思考就会成为习惯。这样,课堂才能深深地吸引着孩子们。

问题出现时即教学时

人的认知是不断变化的，认知程度和人的年龄、阅历、经历有着千丝万缕的联系。

前些年，无论自己上课还是听别人上课，把行云流水、一气呵成的课作为好课的标准。反之，要是自己的课堂上出现了问题，或是哪个环节教学时遇到了障碍，则认为不够流畅，便会悔恨不已，常常自责。

经常听课的教师肯定都有这样的感受，要是在课堂上发现有几位同学的发言精彩绝伦，甚至超过了教学参考书上的答案，或者超过这个年龄段的认知水平，授课教师绝对眉飞色舞、喜笑颜开，有的更为夸张，还能把孩子抱在怀里，用天女散花式的鼓励语言"撒"向孩子。听课的教师若是见到这场面，同样也惊喜不已，多数会自发地投送羡慕的目光，或者情不自禁地鸣掌。

类似于上述情景，我也追求过，也认同过，也曾认为那就是课堂上的亮点。但是现在看来，如果教学滴水不漏，课堂完美无瑕，那么教的价值在哪里？从教学规律来讲，学生会的教师可以不教，学生自学能懂的教师可以不教，教师教了学生也不会的也不需要教。用这个教学规律反观上述现象，如果学生的精彩表现并非出自教师的教导，又何喜之有呢？

我们还经历过这样的课堂教学，当提出一个问题，全班鸦雀无声。于是我们就紧张冒汗，期待着有奇迹出现，期待着有一个学生的发言来打破课堂的沉寂，化解教学场面之尴尬。特别是公开课教学，若有领导、专家、同行坐在教室后听课，教师更是举手无措，越慌越乱。这是所有教师都惧怕的情景，也包括以前的我。而今，我却特别珍惜这样的境遇。如果我们能让这样的境遇化危为机，化险为夷，让教学的火焰重新点燃，势必是另一种风景，这也是教学的智慧所在。

与多数教师交流，他们都希望教学进程按照自己的预设进行，一堂课，一马平川，一通到底。然而，真正的教学并不能如我们所愿——即使再全面的预设，再精准的备课，课堂上都会出现始料未及的画面，这也正是教学的魅力所在。

我们每天都在上课，也许有的课文我们教过数遍，但是我们面对的学生不同，相同的教学设计教出了不同的感觉。"永远充满变数"的课堂给了我们新鲜的课感，这种新鲜的课感给我们带来了无限的教学契机，每次走进教室都是一次全新的挑战。

老子"有就是无，无就是有"的哲学思想用在我们进行教学反思时，你将会发现，如果一节课没有任何问题那就是最大的问题。在课堂上，学生什么都会，我们还教什么？在课堂上，学生对于教师预设的问题对答如流，我们又该教什么？课堂是学生成长的地方，从走进课堂到走出课堂，如果学生没有成长，这节课的教学意义何在？

基于上述认知，我认为课堂上出现问题时正是教学的最佳时机，我们应该感到欣喜，而不应该惧怕，或者逃避。

教学识字时，学生把读音读错了；教学写字时，学生把字写错了，或者写得不够规范美观；教学朗读时，学生把课文读得拖腔拉调，淡而无味；教学习作时，学生不知从何下笔；教学口语表达时，学生词不达意……这些教学问题的出现时，正是展现教师教学智慧的机会，通过新理念、新方法、新策略解决这些问题，才算得上是真正的教学。

然而，我们却经常忽略了这些教学的宝贵时刻。真正的教学大师，绝不放过课堂上出现的任何一个问题。我记得于永正老师在教学"踮脚"的"踮"时，抽了一个又一个学生，都把读音读错了。于老师没有丝毫紧张，也没有责怪学生，而是告诉学生，我们读书时要字字正音，特别是课文中注了音的生字更要看看拼音。于是，让学生在文中找到注音，这时再让学生来读，还是有学生受方言音的影响读错。于老师告诉学生，有些字音需要我们多读，有意识地读才能读正确。学生多次认读，果然都会读了。而教学并非就此而止，于老师又出示了"踮脚"所在的句子，果不其然，放在句子里读时，还是有学生读错。于老师又引导学生做踮脚的动作，理解"踮"的含义。再读句子时，学生都会读了，而且读得绘声绘色。我们可以看到，一个教学问题的出现，引发了无限的教学价值，这样的教学，学生必将终生难忘，终身受益。

同样是课堂上出现问题，有人视作教学机会，有人视作"刺头"。其实也很正常，所谓成长有先后。正如"庖丁解牛"，起初，他看到一整头牛，到后来看到的是牛的骨架和构造，最后看到的是牛的纹理脉络。我们的教学成长过程也是如此，起初担心害怕教学中出问题，随着经验的积累，认知的提升，把课堂上出问题视为教学契机，此乃教学的至高境界。

也不知从什么时候开始，我有了这样的认知。因此，现在听课，看到师生之间的教与学过于顺畅时，反而感到忧虑。相反，当教师的教学出现问题、遇到困难时，我却特别兴奋。兴奋的原因就是我想看看接下来教师该怎么去教学。但是，往往多数教师为了赶进度，完成自己的教学设计，只做"轻描淡写"或者"蜻蜓点水"般的处理，在教学上留下了遗憾。我常常换位思考，如果是我遇到类似的问题，我会怎么处理。有时想到教的妙招，不禁内心一阵窃喜。

若把课堂上出现的问题比作一块块从天而降的陨石，我们该如何接招？我想到了太极——以柔克刚，以慢制快。首先我们要直面问题，不能避而不谈，或是视而不见，甚至跳过问题，抛到课后。我们要在心里认识到机会来了，该发挥教师教的作用了，也就是先接纳。其次是分析原因，为什么会出现问题，是学生的问题还是教师的问题。只有弄清原因，才能快速拿出相应的教学对策。最后是拿出教学方法解决问题，遵循"道而弗牵，强而弗抑，开而弗达"的原则。

当然，我提到的问题是基于教师精心备课和学生充分预习之前提的，出现的具有教学价值的问题，并非和教学毫无关联或者低级无趣的问题。

　　教学如此，教育更是如此。当我们看到学生随手丢垃圾，张口讲不文明的语言，穿着不整洁，听讲不专注，作业不专心……这时，孩子们就应该受到教育了，此时的教育最及时，最真切，最当时。

从一篇文到一本书

立身以立学为先，立学以读书为本。自古以来，书中凝聚了古圣先贤、文人雅客的智慧，以读书为本，是继往圣绝学的最佳途径。纵观小学语文课程改革，其主线都是围绕读书而行的。《义务教育语文课程标准（2011年版）》明确要求小学生课外阅读不少于145万字，统编教材设置了"快乐读书吧""和大人一起读""整本书阅读"等，极力推进课外阅读。统编小学语文教材总主编温儒敏甚至把新教材特点概括为"统编语文教材，读书为要"。作为一线语文教师，我们应该充分利用语文课堂点燃学生读书的热情，把课内阅读延伸至课外，把课外阅读拉进课内。

五年级下册第七单元有一篇文章是《刷子李》，这是一篇短篇小说，文章选自冯骥才的《俗世奇人》。课上，我以"课题有何特点"入手，让学生发现作者命题的巧妙，引用作者命题的方法让学生思考："生活中还有哪些有特点的人可以这样称谓？"一石激起千层浪，学生们眼睛发光，思维高速运转，冒出了很多有意思的称呼，像"糖人李""包子王""滑板刘"，甚至有同学以我为命题对象，羞涩地道出"老师陈"。全班同学哈哈大笑，我借机板书"老实陈"。

此时，看到同学们对这样的称呼如此感兴趣，一定不能戛然而止。我故作意味深长一番，说道："像这样的称呼在书中还有很多，比'刷子李'，更有趣的命名在这本书中也有。"话还没说完，几个快嘴的学生就嚷嚷道："《俗世奇人》。"我顺水推舟："对，像'泥人张''燕子李三'，都在这本书里，还想知道有哪些人物吗？"全班齐声高呼"想"。"想，但是我不告诉你。"我逗趣着说："课后，在《俗世奇人》里找一找吧。"这就是结合课题激发学生对《俗世奇人》这本书的阅读期待。

《刷子李》在单元中是一篇略读课文，主要以学生自读为主。在课堂中，学生围绕"刷子李这个人神奇在什么地方，作者是用什么方法塑造这个人物形象的？"这个核心问题进行自读、批注，然后交流。通过交流，刷子李神奇在刷墙时着一身黑衣服，刷完墙保证衣服不粘一个白点。作者冯骥才显然是写作高手，塑造这样一个人物并不是直接描写，而是以刷子李的徒弟曹小三的视角描写了刷墙的过程，还穿插了刷子李的裤子被烟头烧了一个孔，远看似一白点，正在曹小三得意时，刷子李把裤子一提，那白点便消失了。这样的描写具体而不失乐趣，情节一波三折，让读者感受深刻，在读中作乐，妙趣横生。

至此，再次引入《俗世奇人》这本书。"像《刷子李》这样有趣的文章在《俗世奇人》中还有很多，如《苏七块》。为什么叫这个名呢？他是位大夫，有妙手回春之术，无论给任何病人看任何病都收七块钱。那没有七块钱他给看病吗？欲知结果，请在《俗世奇人》中找答案吧。"学生的胃口再次被我吊了起来，眼睛里充满了阅读的火光，已经迫不及待地赶紧下课，赶紧放学，好在《俗世奇人》中读个够。

"同学们真的想读《俗世奇人》这本书？"

"想……"

"好，老师正式把冯骥才的《俗世奇人》推荐给大家。《俗世奇人》有两册，收录了36篇小说，每篇小说塑造一个人物，每个人物都是作者在生活中看到、听到的奇人，篇篇独立，篇篇情趣盎然。"

听到这儿，学生阅读的欲望越发不能控制。学生阅读的劲儿越冲，教师越要冷静，不能只是一个作业、一句话就完结，而是应该有后续的追踪和反馈。课外阅读的兴趣虽然在课内点燃，但是怒放还得在课外。

于是，我郑重其事地讲道："既然大家都想读，我给你们三天的时间去阅读，三天后我们来交流。交流时，我要考考大家两个问题。一是在36篇中哪个人物给你留下了深刻印象？二是哪篇文章刻画人物的方式比较独特、有趣？"

言必行，行必果。三天后，我在班上举行了《俗世奇人》读书交流会。整个读书交流会分为两部分。

第一部分为问题抢答。学生到底读了吗？整本书是否读完？因为阅读在课外，我们只有通过课堂检测，才能掌握学生的阅读情况。于是我每个篇章设计一个简单又好玩的问题：

商大爷的黑头是怎么死的？（自我了结）
王十二用什么取出了铁匠眼里的铁渣子？（吸铁石）
皮大嘴说金满堂的马桶都是金子做的，他还在里面撒了一泡尿？（因喝醉了，误把洋号当作马桶。）
黄金指被谁替代了？（钱二爷和唐四爷）
俞六让刘二爷出了一个什么主意便没有人再学他了？（一边卖药糖，一边哼儿歌，其中有一句"谁我儿子谁学艺"。）
马二因为什么砸了自己的饭碗？（模仿管四爷时放了一个屁。）
冷脸听了谁的相声后便消失了。（毛猴，不笑就要脱裤子了。）
……

这些问题看似简单，可是若没有通读整本书，很难作答。然而在课堂上，同学们摩拳擦掌、争先恐后，每回答正确一个问题便喜不自胜，这便是读书的魅力和乐趣。

第二部分是交流印象深刻的人物有何特点，作者在情节安排时最有趣的是什么地方。

以下是部分交流片段：

"给我印象深刻是张大力，他的特点就是力大无穷，膀粗如腿。最有趣的情节就是他举起了一块儿上刻'举起此石者奖银30两'的大石头却没有得到奖金，妙就妙在石头底下还刻了一行字'唯张大力举起不算'。"

"给我印象深刻的是狗子,其实狗子的真名叫高贵友,但是没有几个人知道他的真名。狗子的包子店因为改良了技术,生意越来越好,他又不找外人帮忙,所以忙的时候只顾做包子、卖包子、收钱,顾客有时和他说话,他忙得顾不上理睬,于是就有人骂他:'狗子行啊,不理人啦!'时间长了,便直接称他'狗不理'。后来因为慈禧太后吃了他卖的包子后大加赞赏,于是'狗不理'便名满四海,直贯当今。"

"给我印象深刻的是燕子李三,他是个飞贼,功夫奇高,穿房越脊,如走平地。虽然他是飞贼,但他劫富济贫。有趣的情节就是总督大人和燕子李三打赌能否偷走官印,一整夜总督大人守着官印,外面官兵重重包围,但燕子李三把燕子的标志留在了官印上。这让总督大人和所有人百思不得其解。"

……

一节课的交流,同学们被特点鲜明的人物吸引,因小说出人意料的构思而笑声不断。交流会虽然结束了,但是读书还不能停止。借此小结:"读书如品茶,初读如第一道茶,味道还不够浓厚。今天我们相互交流了读书感受,课后再去读就如品第二、第三道茶,味道浓厚且无比醇香。"再次让读书从课内走向课外,走向生活。

诸如此类从一篇文到一本书的教学在教材中数不胜数。学习了《冬阳·童年·骆驼队》这篇文章后让学生阅读林海音的《城南旧事》;学习了《金钱的魔力》后让学生阅读马克·吐温的《百万英镑》;学习了《祖父的园子》后让学生阅读萧红的《呼兰河传》;学习了《将相和》后让学生阅读司马迁的《史记》……

语文课本中凡是从书中节选的文章都如一条通幽曲径,径直深入便是学生向往的"桃花源",从一篇文到一本书便是如此。

习作指导随时发生

写作就是生活,生活就是写作,生活包括学习生活。这一直是我习作教学的核心理念。所以,有时候不要刻意地去进行习作教学。习作指导需要随心一点儿,随感一点儿,随机一点儿。

要让小学生喜欢习作,教师必须喜欢习作。喜欢习作的教师,其每一节语文课都应该是一篇文章。课堂上,每一处设计就如作家精心的构思,每一句话就如作家内心的妙语,每一个举动就如作家埋下的伏笔。我认为指导习作不仅仅是在作文课上,而是应该随时随地发生。

一天早自习,学生正在津津有味地诵读。正在这个时候,一位女生迟到了,她站在教室门口,有些不好意思,因为迟到毕竟不光荣。我示意她回到自己的座位上。

学生们依然全身心地诵读,丝毫没有因为女孩儿的迟到而影响诵读的进程。

而我的目光随着女孩儿的走动来到了她的座位。接下来的几分钟里,我看到了令我内心震撼的一幕,我发现了习作教学的指导时机。

我故作镇定地告诉同学们:"同学们,我们先读到这里,我要讲一讲就在你们刚才诵读的时候,我看到了这样一个无声的画面。我本来不想打断你们的朗读,但是这一幕我描述出来后,你们听了一定会与我感同身受。"

全班学生镇定端坐,注视着我,等待着我告诉他们教室里发生了什么。

"注意听,我开始描述了。"

"女孩儿来到自己的座位，突然发现自己的桌面上有几团被揉皱的纸。她一边放下书包，一边在说些什么。正当我不注意的时候，她拿起桌面上的纸团，一个背抛，几个纸团啪啪地落在了她身后一男孩儿的桌面上。

"因为大家都在读书。女孩儿并没有说她为什么要把纸团扔给后面的男孩儿。但是我猜想女孩儿心里肯定在想，座位是滚动座位，他后面的男孩儿昨天正是坐在自己今天的座位上，所以她才有了这样气急败坏的行为。

"我本想上前去问个究竟，但是又怕打断同学们读书，于是我就静静地观察着后面那个男孩儿。

"男孩儿满脸踌躇，神情严肃。他想找前面的女孩儿理论理论，但是他也知道现在是早读。于是，他把几个纸团捏在自己的手里，狠狠地扔在自己桌子下面。

"正在这个时候，红领巾监督岗来到教室检查卫生了。同学们不自觉地看看自己的周围有没有纸屑。男孩儿为了不让大家发现他的桌子底下有纸团，悄悄把刚刚扔掉的纸团捡了起来。等到监督岗离开后，他又把纸团放在了他身后一个女孩儿的桌面上。

"这一切，陈老师都在默默地观察着。因同学们一篇文章正读到一半，我就没有着急去处理这件事情，而是继续暗暗观察。

"男孩儿后面的那位女孩儿，停下了读书，看着那几个纸团，非常诧异。我猜她心里在想：为什么要把这几个纸团给我呀？我从来没有撕过纸，哪儿来的纸团？她悄悄拿起其中一个纸团，慢慢地打开，准备看看上面都写了些什么，是哪位同学的字。女孩儿没有继续读书，就这样研究着这几个纸团。

"这个时候，同学们一篇课文读完了，纸团却没有再往后传……"

随着故事的余音，教室里响起了热烈的掌声。

"同学们，我刚才把一个无声的情景描述成了一个有声的故事。抛开几位同学行为的对错以外，你觉得精彩在哪儿？"

"您抓住了几位同学的心理活动。"

"您很善于观察,表面看你在巡视我们朗读,其实这一切您都看在眼里。"

"老师,我感觉您特别了解我们。"

……

"同学们,这个无声的故事带给你们怎样的思考呢?"教室里非常安静,但是能看出同学们内心在翻腾着,因为这件事情也许曾经就发生在自己身上。

没有人发言。但是我能看出这件事对同学们的冲击力很大!

"同学们,我们最近在读《论语》,孔子有言:'志于道,据于德,依于仁,游于艺。'大家看,游于艺为什么放在最后,说简单点儿就是告诉我们先要学习做人,再学习知识、技能。"

讲到这儿,我看到了三位同学表情有些凝重,耳根有些发红。

叶圣陶先生说先做人再作文。这节自习课,育人无声,成文有痕,是一节没有预设的习作指导课,我岂能错过当时呢?

改变，从教学形式开始

——"1+X"群文阅读教学《燕子》教学评析与思考

网络语言改变从"头"开始，这个谐音句子颇耐人寻味。留惯了一种发型，突然改变一个发型实属不易。于是，有的人一生就一个发型，生怕换了发型与自己的身份不符，或者担心换了新的发型会破坏自己在别人心中的形象。其实这是一种性格，也是惯性思维。

惯性思维既有优势，又有弊端。优势是一切决断合乎情理，弊端就是缺乏创新。诸多时候，我们也需要逆向思维、多向思维。我想到了《童年的发现》中的小作者，如果他只有惯性思维，什么都听教师的讲解，听家长的安排，没有自己独立的思考和见解，就不可能有他童年的发现。还有哥白尼、爱迪生、伽利略……这些科学家如果没有善于改变的思维，只有一味接受的思维，会有成就吗？

回到语文教学中，特别是阅读教学，何尝不是如此！每次听课，我们不自觉地会有种"多么熟悉的套路"之感。教学模式、课堂教学形式禁锢了我们的思维，我们常常按照惯性思维设计教学，觉得这样设计理所应当。然而，统编语文教材的问世，"1+X"阅读教学理念的提出，让我们的阅读教学踏上了改变的征途。

2019年3月，安康市召开了统编小学语文"1+X"群文阅读教学观摩研讨会。我有幸观摩了5节示范课，如醍醐灌顶。尤其是课堂教学的组织形式，如剥茧抽丝，如九天揽月，如群龙跃海。我主要结合程老师执教的三年级"1+X"群文阅读《燕子》谈谈自己的关注和思考。

关注一：结构重组

这节课，程老师从统编三年级下册学生已经学过的课文《燕子》导入，整合了《独角仙》《翠鸟》《松鼠》三篇文章中的片段。三篇文章都是围绕她选择的议题"小动物的外形描写"而整合的。四个片段，有读过的，有没有读过的，有未来要读的。整合中隐藏着一条线，一条兼顾过去、统筹现在、展望未来的线。孩子们在学习的时候，其实都是有学习基础的，都有自己的学习经验和学习方法，我们的课堂更应该看到孩子未来的走向。所以在统筹重组文本的时候，既要依据学情，又要指向语文能力的提升。

关注二：思维提升

语文的核心素养有四大方面，即语言的建构与应用，思维品质的训练与提升，审美情趣的培养与鉴赏，文化的学习与传承。从语言的建构来看，这节课通过文本来教学生认识文本的语言，学习语言，最后运用语言，是典型的、实在的、语文味儿十足的语文课。这一节"1+X"群文阅读，我觉得最能体现核心素养里的思维训练与提升。在课堂上，通过《燕子》文中外形描写的段落与《翠鸟》这篇文章外形描写的段落进行比较阅读，从描写部位的对比上升到描写特点的对比，这是一个思维的训练。群文阅读，是一种高级思维的阅读方式。研究群文阅读的刘晓军老师把群文阅读称为"私人订制的课程"。因此，群文阅读要根据每个人的阅读基础来设定我们的教学目标，才能提升学生的思维水平。

关注三：紧扣语文要素

这个语文要素就是统编教材强调的单元语文要素。统编教材每单元有人文要素和语文要素，双线并驱。观摩这一节课，教师可能会想：写小动物的外形，首先要仔细观察，不仔细去观察，怎么能把小动物的外形写好呢？那么程老师为什么没有过度强调仔细观察呢？这就需要我们勾连三年级上册第五单元"我们眼中的缤纷世界"。这一单元是习作策略单元，训练的就是孩子的观察，不仅要用眼睛看，耳朵听，嘴巴尝，还有用手去摸。观察在三上已经学过了，所以这节课没有再特别去强调我们要怎么去观察。而要特别强调的是什么呢？要写清楚动物的特点。"写清楚动物的特点"是三下第一单元的语文要素，这是三年级孩子习作的难点，就是把一个事物写具体。比如说写小动物，可能会写：有一个头，有一个鼻子，有一双眼睛，有一对耳朵，有四条腿。有什么问题呢？没有抓住特点！那怎么突破这一难点呢？程老师以文本《燕子》为例，让学生看看作者不仅写了燕子的身体构造，还写了身子是黑灰色的，尾巴像剪刀似的，翅膀是轻快有力的，这就叫写清楚特点。因此，教三年级的孩子怎么去写、怎么去表达的时候不能给一个笼统的概念，而应该给出具体的指导。程老师用两个表格做对比，我们发现无论是《燕子》还是《翠鸟》，作者不仅抓住了有特点的部位，还把部位的特点写清楚了。就这样让孩子们突破了这个难点，解决了写作当中的难题。另外，三年级下册的第一单元还有一个重要的语文要素，就是要体会优美句子的表达效果。这个体会是要分层次的，三年级的学生能体会到什么程度就体会到什么程度。这四篇选文在描写小动物的外形时，不仅用了准确的词语，还用到了比喻的修辞方法，把描写对象比作我们生活当中常见的事物，形象而生动，容易理解。于是，程老师再让学生去发现，去阅读，去体会。这就照应了在单元训练交流平台里提到的"阅读时遇到优美的词句的时候，我们要引导学生多去读几遍，去体会体会"的要求。

关注四：给足学时

给足学时就是给足学生在课堂上学习的时间。我每年都讲公开课，很多专家给我评课、指导的时候总是问："为什么课堂上总是你不停地在讲？"那时，我也不理解专家的话，有时还争辩几句："不讲学生怎么明白？"现在明白了，讲应该用在关键的地方，课堂上更多的时间应该留给学生去学。这节课我大概做了一个统计，学生阅读、思考、动笔、表达的时间占据了一大半的时间。我们看到了学生有了学习时间的保障后，他们就去读这些文章，在里面去找描写动物外形的句子，还要找到这些部位的特点是用什么方法写出来的。这就是在阅读中学习阅读，这就是王阳明先生提倡的"事上练""知行合一"。当然，学习是有过程的，每一节课都应该这样做。纵观一个人的学习，是一个循序渐进的过程。《学记》道："一年视离经辨志，三年视敬业乐群，五年视博习亲师，七年视论学取友，谓之小成。九年知类通达，强立而不反，谓之大成。"咱们算一下，学生 7 岁入学，16 岁的时候才能达到触类旁通，举一反三，而今天课堂上面对的仅仅是三年级的孩子。所以，我们主要教给他们的是方法，至于为什么这么做，照着这样去做，时间长了，慢慢长大了，就明白了。

关注五：读写融合

我们阅读的目的是什么？一个重要层面指向语言运用。这节课还有另外一条线索，就是在整合这些文本的同时，始终围绕着学生的习作学习，为学生的习作服务，为学生的习作铺垫。特别是最后的环节，给学生两个动物，在课堂上热锅下面，趁热打铁，让学生用学习到的方法描述小动物的外形，恰当地迁移起到了学以致用的作用。我觉得除了老师给定的动物，还可以让学生说说自己熟悉的一种动物。这样，学生的思维空间、语言空间或许会更加开阔。

思考一

我们研讨的主题是"小学语文'1+X'群文阅读教学"。试问，没有 1，X 会怎样？1 重要还是 X 重要？1 重要！既然 1 重要，我觉得就应该在 1 上面下足功夫，用力气把 1 做实了，后面的 X 才会有效。

思考二

1+X，三年级的时候 X 等于几？四年级的时候 X 等于几？五年级、六年级的时候 X 等于几？我们也应该思考。今天的课堂，我关注到教师的设计的确用了心思。当我去关注学生学的时候，发现学生似乎说："有点儿难，有点儿难啊。"学生没有说出来，心里面可能会这么想。这就是学情。我们备课、上课一定是建立在学生现有的学情基础上的。所以，我更偏向于我们先做好教材后面的拓展阅读、链接阅读，逐渐增加阅读量，随着学生年龄的增长，孩子学习方法的掌握以及阅读经验的形成来定位 X，而不是一开始的时候这设定 X 等于三，甚至等于四、五或者更多，让孩子觉得压力太大了。

思考三

我们进行单篇阅读教学的时候，更应该学习"1+X"这种教学形式，或者说运用这种阅读训练方法。单篇阅读更多地倾向于文本的深挖解读，分析理解，让学生感到阅读很困难，很无聊，很无趣。而"1+X"阅读教学，不仅增加了阅读量，还减少了精讲分析，孩子们可以自由而自然地阅读。

群文阅读的问世，为我们的阅读教学增添了生命力，但这并不是阅读的全部。所以我们一线教师切不可本末倒置，跟风一时。若把群文阅读比作饮酒，那就是适量则有益，过量则有弊。统编语文教材提出"1+X"阅读教学策略，目的其实很简单，就是增加孩子的阅读量，量增而质变，如是也。

呵护生成，那是课堂的生命

我一直倡导学生要多读书，特别是多读中外名著，其阅读价值和阅读营养不必怀疑。冰心先生说："读书好，好读书，读好书。"这里的好书不乏名著。以统编教材五年级下册第二单元——走进名著为例。每一篇文章都像是导火索一样，意在点燃学生的阅读激情，从课内走向课外，从单篇的精读走向整本书阅读。

我曾经阅读过一篇文章《做课堂上的"懒"教师》，很受启发，其"懒"与通常意义上的"懒"有很大的区别。这里的"懒"是为了让学生更加勤，也就是充分发挥学生的自主性，给学生提供更多读书、思考、表达、讨论的机会。我的常态课堂通常也是这样，因为以学生为中心的课堂常常会生成令人惊喜的画面。节选自《三国演义》的《草船借箭》，这篇文章可谓名篇中的名篇，我记得我上小学时教材里就有这篇文章了。教材几经更迭，依然保留着这篇，足见编者的用心。

这是一篇小说。根据我对小说的理解，这篇小说教学主要设计了三个大环节：一是厘清人物之间的关系；二是通过语言、神态描写揣摩人物形象；三是交流名著《三国演义》中用同样方法塑造人物形象的其他片段。

吴忠豪教授提出，这样的白话文学生是能读懂的，不需要过多的分析讲解。在课堂上，学生根据文本很快就能感知文章中主要人物之间的关系，即周瑜嫉妒诸葛亮的才能有意刁难，鲁肃从中调和促成草船借箭。第二环节是课堂上的重头戏，我设计了一个核心问题："诸葛亮能成功草船借箭其神机妙算在哪里？请默读课文，画出相关语句做批注，然后交流。"给足学生自学的时间，期待着交流时能精彩不断。下面是交流的片段：

师：同学们，诸葛亮的神机妙算妙在何处？请你先读读你画出的句子，再谈谈妙在何处。

生：请同学们看到这里——"第一天，不见诸葛亮有什么动静；第二天，仍然不见诸葛亮有什么动静；直到第三天四更时候，诸葛亮秘密地把鲁肃请到船里。这时候大雾漫天，江上的人连面对面都看不清。"从这些句子可以看出诸葛亮算准了天气，江上必有大雾。

师：这诸葛亮真是上知天文，下知地理，比现在的天气预报还准确啊。还有谁愿意来交流？

生：请同学看这里——"诸葛亮笑着说：'雾这样大，曹操一定不敢派兵出来。我们只管饮酒取乐，天亮了就回去。'"我从"笑着""一定"可以看出诸葛亮料定曹操不敢出击,他算准了曹操的心。

师：俗话讲"人心叵测"。最难算计的就是人了。诸葛亮怎么就这样信心十足地算准曹操不出兵呢？

生：我读过《三国演义》，曹操这个人生性多疑，做事谨慎，加之他的部队不善水上作战，所以诸葛断定他不会出兵，只能箭攻。

师：原来如此，读过整本书的同学讲话底气十足。诸葛还算准了什么？

生：请看第二自然段——周瑜说："对，先生跟我想的一样。现在军中缺箭，想请先生负责赶造十万支。这是公事，希望先生不要推却。"诸葛亮说："都督委托，当然照办。不知道这十万支箭什么时候用？"从这里看出，诸葛亮明知这是周瑜故意刁难，却没有撕破脸，反而顺水推舟，揣着明白装糊涂，可见诸葛亮气度不凡。

师：请问诸葛和周瑜能撕破脸，针锋相对吗？

生：不能，要是针锋相对，不就没有草船借箭的故事了？

（学生大笑）

生：不能，在《三国演义》这本书里，曹操的军队、武器都是最强大的，而刘备想要匡扶天下，就得联合吴国一起攻打曹操，所以诸葛亮是不会和周瑜撕破脸的，只能想办法让他心服口服。

师：此时应该把掌声送给喜欢读《三国》的你。诸葛亮还算准了什么？

（学生鼓掌）

生：诸葛亮还算准了鲁肃这个人不可能向周瑜告密。

生：诸葛亮还算准了船只的数量，草把子的数量。

生：还算准了撤退的方法。

生：还算准了受箭的方法。

……

学生通过找句子，谈体会，读句子，对于文中"出神入化"的诸葛亮的形象感受臻于全面。没有学生能再从文中找出诸葛亮神在哪儿，就在这时，又一只小手跃然高举。

"陈老师，我还有个疑问？"

"请讲。"

"诸葛亮还有一样没有算准，如果曹军射出的是火箭呢？那个时候是有火箭的。"

这个问题犹如一块巨石落在似平静湖水般的课堂上，一石激起千层浪。这样的生成是我没有预设到的问题，瞬间我的大脑高速运转，在神经中枢还没有给出决策前，我始终有个一个念头——这样的生成不能草草了事。终于，大脑给出了指示，太极拳中有一招式是"借力打力"，问题来自同学，那就交给学生来解决。

"同学们，这个问题很有价值，说明这位同学善于思考，有思考的阅读含金量最重。这个问题，你们怎么认为呢？"

瞬间，班级里形成了两大派，争论不休的辩论就此开始了，眼看要收尾的环节又掀起了高潮。

认为诸葛亮算准了曹操不会放火箭的主要观点有：事发突然，曹操没有那么多火箭；江面有雾，看不清，火箭如果射入水中自然起不了作用；由于在江上，射了火箭可取水灭火；曹操不敢贸然用火箭，担心火烧连营。

认为诸葛亮没有算准曹操放火箭的主要观点有：古时候船都是木质的，曹操用火箭可燃其船只；曹操文韬武略，属于乱世英雄，不可能如此低能；用火箭可轻松击败诸葛亮。

双方激战不休，言辞紧张。此时，我没有给出判定，而是让学生的想法在此倾吐。这正是落实语言文字运用的绝佳机会，而且是那么自然，那么无痕。

记住一点，用问题激发学生的智慧和阅读兴趣是关键。到此，我仍然把问题交给同学们。

师：同学们，谈论到现在，你如何看草船借箭这件事？
生：草船借箭这件事是虚构的，而且有漏洞。
生：我读过《三国志》，里面没有诸葛亮草船借箭这一事。
生：原来小说虚构故事情节，目的就是突出塑造人物的形象。
故事的真假不重要，重要的是作者这样写作的方法值得学习。
师：是啊，这也正是《草船借箭》这个故事能千古流传的原因。作者为了塑造一个完美、神化的诸葛亮，把孙权借箭改编为诸葛亮草船借箭。像这样塑造人物的写作方法在《三国演义》中还有吗？

就这样，我顺势导入第三个环节，学生谈到了《三英战吕布》《鞭打督邮》《温酒斩华雄》《七擒七纵》等，由一篇到多篇。

一节课，赋予了学生自由的空间，课堂便有了生成。呵护课堂上每一个生成，课堂便有了生命。

旧文也能新教

叶圣陶先生说:"语文教材无非是个例子,凭这个例子要使学生能够举一而反三,练成阅读和作文的熟练技能。"理解叶老先生这句话,也就是现在我们倡导的"要用教材来教语文"。

年级组有两位老师要上公开课,可他们最大的烦恼就是时值期末,新课已经上完了,公开课的内容只能从上过的课文中选择。上过的课文教什么?教学目标如何制定?怎样进行教学设计?一系列的困惑让两位老师有些头疼。

唐老师之前参加学校青年教师赛课时,执教了《钓鱼的启示》,对认字识词、概括内容、品读语言、角色朗读、感悟启示几个板块进行设计,可谓层层推进,激流勇进,教学效果显而易见。脱颖而出的他要参加安康市的小学语文青年教师素养大赛,理应不再需要重新备课,但是比赛前,他的心却静不下来。与他交谈便得知,到比赛时这一课学生应该已经学过了。为了打消自己的顾虑,他果断选择了学生没有学过的内容重新备课。

比赛结束了,但留给唐老师的问题一直萦绕在他的脑海里。恰好,学校要去对口帮扶学校送教,安排了唐老师和对口帮扶学校的老师同课异构《钓鱼的启示》。唐老师做事认真,送教前他又找了一个班进行了试教,结果让他大失所望。

"我感觉这样设计肯定不行,学生已经学过了,我的一切预设学生对答如流,课堂流畅得让我感到担忧。"唐老师课后和我交流道。

我俩相视一笑，我说："那是当然，我们的教学是建立在学情基础上的。学生已经学过，我们就得站在学生学过的基础上重新制定教学目标，否则就不会有真正的教学发生。"

把思考变成实际行动的人特别令人佩服。唐老师晚上回到家，反复琢磨，最终推倒了原来所有的设计，重新制定教学目标，撰写教学设计。

去对口帮扶学校送教那天，唐老师新的教学设计出炉了，他通过"复习导入—领悟写法—迁移运用"的教学思路，把如何写说理性文章的方法（事件＋启示）呈现给了学生，并让学生结合生活实际进行习作运用。

可以看到，这节课没有一成不变的教学套路，没有花样百出的教学环节，没有吃烫饭一样的教学过程。教学目标直指教学重点，就是让教材的写作方法为学生所用。这正如中国教育学会小学语文教学专业委员会理事长陈先云先生所言，语文课，一课一得足矣。

熊老师是刚入职的青年教师，她要在校内上一节汇报课。熊老师很重视，毕竟这是她的亮相课。她要上的是《"精彩极了"和"糟糕透了"》，也是一篇学过的课文。

那天，她刚好用我班学生试教，也想请我给她指导一番。上课，她引导学生围绕课题质疑，通过课题获取信息，带着问题读课文，找出描写母亲、父亲的句子，体会人物特点，学习语言描写的方法并尝试运用。乍一看，没有什么问题。但是如果仔细想，这完全就是一节复习课，忽视了学生的学情。这一类课往往会被专家评为"逗着学生玩"或"扎扎实实走过场"。不可否认，学生已经学过，我们还当作学生没有学过去制定教学目标，设计教学流程肯定存在问题。

课后，熊老师很谦逊，她希望能听听我的看法。我直言不讳，道出了我看到的问题。但是对于青年教师，我们不能只说存在的问题却不给解决问题的办法。

我没有给她讲太多理论，而是让她思考一个问题"我要用这篇课文教什么"？也就是经常讲的"教什么比怎么教重要"。

她思考片刻后告诉我："我觉得这篇文章的语言描写非常有特点，而且提示语出现在不同的地方。我想教同学们用不同的提示语来进行语言描写。"

"很不错，想法很好，"我肯定了她的想法，"如果仅仅让学生学习用不同位置的提示语，还不够。因为在三年级时已经学习且训练过，五年级可以继续训练，但要求要提高。"

我让她继续观察文中的语言描写还有什么特点。

"提示语中有神态和动作！"她惊喜地说道。

"还有文字中用词的精妙呢。你看，我们把文中所有的语言描写提出来看，明明是人物在说话，却没有一个'说'字，这正是作者在语言描写时的别出心裁。"

熊老师频频点头，表示赞同。"既然我们知道要教什么了，就可以这样来设计教学：复习导入—关注描写—领悟写法—方法运用—成果展示。"

熊老师正式讲课时，全校语文教师都来观摩，我也在听课。第一部分是精彩回顾，她告诉学生们："这节课我们来学习学过的一篇课文，相信同学们一定能温故而知新。"这是多么真诚的导语，学过就是学过。学习活动、教学活动需要这样的真情实意。紧接着，对生字词语、主要内容进行复习。第二部分便直接聚焦语言描写，让学生找出文中作者匠心独运的语言描写，然后发现提示语在不同的位置；发现在提示中可以运用表示动作、神态的词语，让语言描写更生动；发现语言描写还有高招，说不用"说"。为什么要发现这些？我认为，作家写一篇文章应该都是反复斟酌、修改完善而成的。文中的语言描写不仅是提示语的运用，更巧妙的在于用词的精准，让人读之，恍若身临其境。第三部分就是尝试运用，利用课文的留白"饭厅里父母还在为那首诗争吵着"让学生利用学习到的语言描写方法进行想象描写。这样的设计可谓热锅下面，趁热打铁。百说不如一练，这样的练习基于教材也超越了教材。

学生足足在课堂上练习了5分钟左右，我能听到学生静静的书写声。有人说公开课不敢给学生太多的读书时间，不敢给学生太多的练习时间，因为担心设计的内容讲不完。然而，在这一节课上，熊老师敢给学生足够的时间练习描写，那是因为学生的需要，那是因为符合教学的规律。

展示环节，学生纷纷展示自己的作品，能看出学生已经掌握了语言描写的技法，短时间内将语言化作文字，这是能看到的"生长"。

两个案例，足以见证旧文不仅能新教，而且能教出精彩，教出味道。我想，只要从儿童的角度思考教学，从儿童的需求设计目标，教与学必然相得益彰。孔子讲因材施教，那是尊重个体差异的体现。我们是否也可以把学过的课文当作"材"？那是我们的教学材料，用"材"教语文。

课堂评价语言的"魔力"

在我看来,课堂上的评价语言好似孙悟空的如意金箍棒,时时处处应是刚刚好的感觉。如果一节课是一片汪洋大海,用好评价语言这根金箍棒就能搅动大海,云涌涛起时,便是灵动似水的课堂。

诗意的评价语言,让学生如醉如痴,课堂更加有品质;机智的评价语言,让学生心悦诚服,课堂更加有魅力;幽默的评价语言,让学生喜不自胜,课堂更加有乐趣。

我们都知道课堂教学评价语言的重要性,但是常常感觉修炼不到家,有一种"话到说时方恨少"的感觉。于是,课堂上"真好""真棒""棒棒棒"的语言泛滥,一节课如果充盈着重复、无效的评价语言,学生就会感到乏味,也不能达到激发学生学习兴趣的目的。

学校开展数学教学研讨活动,我全程听了数学课。

其中,曹老师在数学课堂上的评价语言可谓丰富多彩,机智过人。他的课堂评价语言让人有一种"如登高山,如临深渊"的记忆,让我情不自禁地想起李清照的词:"常记溪亭日暮,沉醉不知归路。兴尽晚回舟,误入藕花深处。争渡,争渡,惊起一滩鸥鹭。"因为,听他讲课不知不觉就下课了,人走出了教室,心还在课堂上,总觉得还未尽兴。这是怎么回事呢?原来是他在课堂上的评价语言激发了孩子们学习的欲望,个个如惊起的鸥鹭,跃跃欲试,争相亮翅。

信不信?不信,跟我到课堂上走一遭。

借班上课，为了解学情，课前通常要进行一番互动。曹老师上课也不例外，他让学生鼓掌，拍一下，拍三下，拍五下，拍七下。接着，他故弄玄虚，问学生接下来要拍几下，学生齐喊"九下"。曹老师露出"八颗白牙"道："知我者，你们也。拍吧！"在学生噼里啪啦的掌声中曹老师开启了教学。这条评价语言"知我者，你们也"一下子拉近了师生之间的距离，鼓励了学生能发现规律，也彰显了教师的文字功底。文言文表达方式，顿时让学生觉得这位老师"来者不凡"。

课就在孩子们满心期待中开始了。给六年级学生上公开课的风险只有经历过的教师才有知道，因为六年级的学生长大了，有自己的思考，自尊心特别强。他们在课堂上的发言总是谨小慎微，担心因自己回答错误，影响了自己在他（她）心中的印象。但是在曹老师的课堂上，他们完全忘乎所以。曹老师幽默而又恰当的评价语言让学生沉醉于课堂，就像电影里的主角，同学们争相"出境"。

你们看，当学生回答精彩时，曹老师一本正经走到那学生面前，举起右手，深情地看着眼前这位同学说："厉害了，我的孩儿！"我不知道这学生听了这样的评价是什么感受，反正我听了脑海里马上就浮现出电影《厉害了，我的国》中那些振奋人心的画面，精神劲儿倍增。

当学生都回答不上问题时，曹老师也不急不躁，像是等待鱼儿上钩的垂钓者，东看看，西瞧瞧："看来同学们都在潜水，谁冒个泡泡让我看看好吗？"

哎，还真奇怪！此话一出，还真有冒泡的，马上就有学生站起来发言。正是他的评价语言，让学生紧张的神经放松下来，让教室那静得可怕的氛围变得轻松了。因为，我有亲身体会：当你越紧张，思维越乱，心里更胆怯，表达也会更无章；反之，就不会这样。

上公开课，我们最怕举手发言的总是那几位同学，如果一直与那几位积极发言的学生互动，担心评课时大家说没有关注全体。下面看看曹老师的评价，或许对你有启发。

曹老师看到只有那几位"熟人"举手，他并没有马上让"熟人"登场，而是静静等待，轻言细语道："这题稍微有点儿难度，很多同学正走在思考的路上，我们再等一等。"这样的评价简直太高明了，语言形象生动，同时也达到了启发其他同学思考的目的。

还有一些评价语言，细细推敲，也别有味道。比如："说到关键，为你点赞"，"星多天空亮，人多智慧广"，等等。大家发现这类评价语言的特点了吗？对，就是押韵。这些有韵味的评价语言，从曹老师的嘴里讲出了就像演小品一样风趣幽默。

读到这儿，你是不是也和我有同感？这样的课堂太有意思了，学生乐在其中，教师教得有味。课堂上教师的评价语言竟能如此神奇，如此美妙，如此具有魔力。

纵观曹老师课堂上的评价语言，有这样几个特点：一是评价语言丰富多样，不讲重复话、无效话；二是评价语言与网络流行语紧密结合，稍做修改，便是佳话；三是评价语言特别机智，可谓"兵来将挡，水来土掩"；四是语言生动、优美，善于引用经典语录；五是从学生的角度出发，想学生之所想，急学生之所急。

曹老师的课堂评价语言能修炼到如此境界非一日之功，乃是他平日喜欢钻研之果，更是他平日教学善于探索总结之果。

回想我的课堂，很多次都是随机应变的评价语言让课堂起死回生。

14年前，我参加安康市第一届阅读教学大赛时讲《草帽计》，我让学生用喜欢的方式读课文，全班同学齐读课文，其实我的设计意图是让学生自己读自己的，不是齐读。可是学生已经齐读了，如果打断学生显然不合适，我就静静等待着孩子们把课文读完。这时，听课教师都在等待我如何处理这样的教学现象。我灵机一动，说道："我知道了，同学们喜欢齐读，齐读有气势，声音洪亮，让听课老师也了解了课文内容。"就这样，让这个教学环节华丽变身。课上，一位女同学发言声音特别小，还有些沙哑，她回答了什么我真没有听清楚，听课教师也没有听清。但是大家都听清了我给予她的评价："你非常勇敢，声音都沙哑了还能勇敢地站起来发言。如果老师的声音沙哑了可能就不敢来参加比赛了，你比我了不起。"话音未落，教室里响起了同学们热烈的掌声。这是一种示弱式的教学评价,让孩子有一种自豪感,这样的自豪感慢慢就会成为自信。那次公开课,很多教师不知道我的名字,因为我刚刚"出道",但是他们无论在哪里见到我,都这样说:"哎,你就是那个上《草帽计》的老师。"没有什么评价比记住我上的课更能激励我不断打磨课堂的了。

10年前,我参加了安康市第四届阅读教学大赛,当时上课那个班的学生平时不喜欢发言,刚开始上课时我也感觉到孩子们不怎么喜欢跟老师互动,好不容易遇到一位后排男生发言了,回答还不错,可是怎么给他评价?用什么评价能激发更多孩子参与课堂?我一边听他的发言大脑一边高速运转想评价语言。奇迹出现了,我突然发现这名男生的名字很有特点,待他回答完,我问道:"你叫什么名字啊?"男孩子羞涩地回答:"刘发伟。"我拍着他的肩膀说:"你这不叫刘发伟,叫刘发威。全班同学只有你敢站起来发表自己的观点,我相信从此刻起,在语文学习中你要发威了。"之后,这男孩儿像是打了兴奋剂一样举手发言,其他同学看到这种情景,都开始争先恐后地发言,课堂越来越活跃。课后,一位听课教师上前与我交流听课感受,他说:"你上课像魏书生一样。"魏书生怎么上课我从来没有听过,但是这样的评价足以让我一辈子记住。

9年前,我参加陕西省教学能手赛教,当时我抽到了"21"号,这个号码意味着我是那一组最后一名选手,等我上课时已经是下午最后一节课,当时比赛一整天都不换学生,可想而知,学生已经人困心乏,评委更加心烦意乱,着急等着快结束。我进教室后,果然不出我所料,学生们趴在桌子上,个个像晒蔫的秧苗。评委目光呆滞,显然已经非常疲惫。我拷贝了课件,学生看到了"乡下人家"这个题目,更是炸开了锅,七嘴八舌地说:"老师,您已经是第五位上这一课的老师了。"我一听,顿时蒙圈,天啊!但我迅速冷静了下来,就在那几秒钟的时间里,灵感和奇迹出现了。

"同学们,这一课你们已经学过了,是吧?"

"是的。"

"今天我上这一节课,保证和前面的老师讲的都不一样。"

"啊？"

"你们不信？那你们知道我叫什么名字吗？"

"不知道。"

"不知道我的名字不要紧，你们知道《乡下人家》这篇文章的作者是谁吧？"

"当然知道，陈醉云。"

"而我是谁？我就是与陈醉云只有一字之差的陈忠云。陈忠云来讲陈醉云的文章，你们期待吗？"

我利用名字做了文章，本来是一群打不起精神的孩子，经过这一番对话，都来劲儿了，原来世上就有如此巧合的事情。就是这样，我开始讲课，推翻了原有的教学设计，用课文教学生学习作者对比、想象的写作方法，让学生从课文中走出来，走进自己的生活，再走进文本细读。课后，孩子们上来围着我，他们说得最多的话就是："老师，您上课真的跟其他老师不一样，真好玩！"得到孩子们肯定的评价，是我一直的追求，这么多年，我一直竭尽全力把语文课上出好玩的样子，只为孩子们喜欢。

课堂教学评价语言是一种技术，只有千锤百炼，才能把这项技术变成艺术。

阅读，让我们彼此牵挂

——写给与我一起成长五年的学生

与同学们分开已经有两月有余了，曾经约定要把你们从一年级教至小学毕业，但这个愿望终没有实现。

回想和你们一起成长的五个年头，1000多个日子，往事一幕幕。记得一年级刚入学时你们还是满身稚气的小娃娃，如今已经是有自我认知、有独立思考、有坚韧性格、有创新思维的小学毕业班学生了。从第一次给你们上语文课开始，我就告诉你们，陈老师的课堂是独特的，独特在于你们才是课堂上的生力军，你们每一位都是课堂上的小老师，所以课堂上你们要学着提问，学着组织教学，学着组织各种教学活动……我希望你们"青出于蓝而胜于蓝"。和你们相处的这5年，我这样要求，也这么实践。5年的时光真的转瞬即逝，但是时间抹不去我们最美好的回忆，忆往日，欢乐愉悦甚多，唯有和你们一起读书的时光总在心头复现。

你们还记得吗？一年级刚刚入学时，我给你们上课时，你们似乎以为我是外星人——我尽力讲，你们却像"毛毛虫"一样"蠕动"。因为那时我从来都没有给低年级学生上过语文课，低年级课堂组织完全和高年级不同，再加上缺乏儿童语言，所以课堂有些"热闹"。后来，我想了好多主意，讲故事、讲笑话、讲脑筋急转弯，慢慢地，你们被我吸引住了，课堂上规矩多了。可是这也不是长久之计，我必定没有那么多内容讲给你们。于是，我动了脑筋，找来了一本书，是杨红樱的小说《淘气包马小跳系列：忠诚的流浪狗》，上课前我给你们读上5分钟左右，我是连读带讲，读得声情并茂，讲得绘声绘色，逐渐地你们被书中的故事情节所吸引，每节课都期待着我给你们读书，因为你们觉得像是在看动画片，仿佛你们也是小说中的一个角色，时刻操心着书中那条流浪狗的动向。课堂神奇地安静了，每节课上课时我不用重复那些唠叨的语言："请安静，看谁坐得端，谁谁表现得最好……"时间长了，你们当中有些同学感觉听陈老师读还不够过瘾，竟然自己买来这本书如获珍宝般地一气读完，以至于我在课堂上读时你们已经知晓了后边的情节。于是，我就提高难度，听陈老师读时，要求你们记住最好玩的句子，记住新鲜的词。现在想想真有"道高一尺，魔高一丈"的感觉。令我吃惊的是，你们当中有很多同学因为这本书，喜欢上了杨红樱这位曾经当过老师的作家。于是多数同学又买来了《亲爱的笨笨猪》《没有尾巴的狼》《巨人的城堡》《笑猫日记》等作品，当然都是注音版的。一时间，你们被童话和小说所迷。我记得当时有位家长告诉我，就是因为我为你们读了杨红樱的作品，他家孩子竟然把书店里杨红樱的作品都搬回家了，每天爱不释手，家长还有些担心了。其实，对于杨红樱的作品适不适合孩子阅读，有人有异议。我为什么选择她的作品读给你们听呢？主要原因是杨红樱曾经当过小学老师，她的创作基于校园生活，还有一些学习素材，同学们感觉离自己特别近，书中好多稀奇古怪的事好像在我们身边也发生过。此外，还有一个重要原因就是书中的语言风趣幽默，我们阅读时经常被书中的情节和语言逗得哈哈大笑。如果听陈老师朗读到搞笑的情节，你们都会笑得人仰马翻。

　　当时也有老师和家长质疑我为什么选择这样的书给你们读，为什么不选择经典名著，或是选择所谓有教育意义的书来读。有一次我在书店看书，有个低年级的孩子让妈妈给她买本"淘气包马小跳系列"的书，她妈妈十分生气地说："你都够调皮了，再读这样的书是要气死我吗？"在旁边读书的我心里一阵寒意："估计这家长只看了题目，没有阅读书中的内容，无情地打击了孩子的阅读动力。"现在我可以告诉你们，我选择这样一本书读给你们听目的很简单，就是让你们感受到阅读很好玩，是培养你们阅读的兴趣，让你们养成爱读书的好习惯。

没有想到，就是这本书成为你们爱上阅读的一本"种子书"。自此之后，陈老师的语文课最多只有35分钟，每节课前5至10分钟都是我给你们朗读"种子书"，先后给你们朗读了《笨狼的故事》《海底两万里》《小王子》《爱的教育》《草房子》等。到了五年级以后，我开始给你们读《论语》，每节课一条，给你们讲《论语》给自己带来的启示。为了让你们也成为"种子书"的朗读者，后来每节课都会抽两位同学，一位同学诵读《论语》，一位同学诵读自己阅读书籍中的精彩片段。有时候，我们的语文课堂有了一半的时间都在读书，或者谈读书的体会。有些同学特别喜欢这样的课堂，还希望一节课时间都留给你们阅读呢！

因为读《论语》，你们越来越品味到读经典更有文化的味道，在"学而不思则罔，思而不学则殆"中你们知道学与思的关系，你们在学习中更加注重独立思考了；在"见贤思齐焉，见不贤而内自省也"中学会以优秀的人为榜样，时常反思自己的不足；在"父母唯其疾之忧"中知道了孝敬父母。一部《论语》激发了你们阅读经典的兴趣，于是有很多同学开始接触关于中华优秀文化的经典著作《诗经》《孟子》《道德经》等。虽然这些书你们读起来比较吃力，但是书中优秀的传统文化深深地把你们吸引，你们会借助注释、白话译文来理解文章，就算似懂非懂，也读得津津有味。只有阅读经典，才能丰厚自己，才能感受到中华文化的博大精深，才能建立民族自豪感和文化自信。也许你们现在还感受不到这些经典的力量，随着你们进入初中、高中、大学，你们会逐渐感受到这些经典带给你们的价值。

在给你们读"种子书"的过程中，你们越来越喜欢听我读，越来越喜欢我给你们上课。其实我也很受益，我原以为当好老师多读一些教育专著就可以了，没有想到这些儿童喜爱的书籍，老师更值得去阅读。因为只有读了儿童的书籍，心里才有儿童的位置，才会从儿童的角度设计教学，才能上出儿童喜欢的语文课。陈老师得感谢你们，感谢你们让我这5年和你们一起阅读儿童书籍，享受阅读的快乐。

为了培养你们的阅读兴趣，从三年级开始，我们每学期举办一次读书交流会。这也是我们班级的盛事，每学期开学就会把这个任务布置下去。

我记得第一次开班级读书交流会是三年级第一学期快要结束时,当时临近期末考试,各班都在紧张地复习,准备考个好成绩回家过年。而我们班,却用了三天的时间开展期末读书交流会。为了让大家有阅读的成就感,我借了学校的多功能教室,还专门制作了电子标语"三年级(八班)读书交流会"。同学们也做了充分的准备,有的同学在家长的协助下制作了PPT,有的同学自己做了交流海报,有的还写了读后感。三天时间,凡是我的语文课,我们都在搞读书交流会,你们也无比兴奋,因为不用投入紧张的复习和"可恶"的试卷中,每位同学都有上台展示的机会,每位同学展示后都有热烈的掌声。这件事已经过去三四年了,我想你们应该终生难忘,至少我现在还记忆犹新。那是你们一学期阅读成果的展示,更是获得阅读成就感的重要时刻。我想,这是多少分数和多少试题也无法相比的。同学们,你们觉得呢?

自此之后,我们每学期开一次全班参与式的读书交流会,越来越多的同学在这样的活动中成长,胆量越来越大,表达水平越来越高,表现越来越自信。变化最为突出的是同学们阅读的量越来越大,当我们在读书交流会上听到有的同学一学期就读了四五十本书时,大家都感到惊讶,而我也默默地感到惊喜。到了中高年级,我又发现了问题,你们阅读的多为文学类书籍。于是我启发大家应博览群书,告诉你们读文学类的书让我们拥有了更多的生活体验和想象力,读历史类的书籍让我们更加有文化自信,读科普类书籍让我们更加有智慧。于是大家阅读的书籍里就有了历史类书籍《中华上下五千年》《三国志》《明朝那些事儿》《中国历史故事》等,有了科普类书籍《大英儿童百科全书》《阿基米德儿童科普绘本》《森林报》等。读书的种类越来越多,读书交流会上的内容越来越丰富,这样的活动远比我给你们上语文课更加有益。

当你们对读书交流会兴致有所衰减时,我又把读书微视频、读书汇报微课引入其中,形式多样的交流,又激发了你们阅读的兴趣。大家在家长的协助下,选择自己阅读书籍中的精彩片段录成小视频,每天我们在全班播放一位同学的读书视频,每次播放视频时大家都听得特别认真,每次听完都会给予热烈的掌声。每当播放视频时，我都会关注坐在下面的主角，他们脸上都会洋溢着一种抑制不住的自豪感。所以，你们都会争先恐后地提交读书视频。为了共享每一位同学的读书情况，有些同学在家里通过录屏软件，把自己的读书汇报做成汇报微课，我们在班级里播放后，发到班级群里，同学们随时都可以相互学习。尤其在寒假、暑假里，你们把自己阅读的情况制作成微课发到班级群里，发到我的邮箱里，我随时都可以掌握你们的读书情况。开展这样的活动，目的也就是调节学习生活，平凡中还应适当有一些惊喜。

随着年级升高，每位同学的阅读量越来越"海量"，远远超过我的阅读视野，当我都不知道给你们推荐什么书时，我想到了让你们相互推荐。所以，我们每学期都会有一个好书推荐活动，大家每人推荐一本好书，同学们的阅读书目就会增加几十本，而且你们推荐的书真的非常广泛，有的书名连我也感到新奇、陌生。我记得有位同学给你们推荐了《孩子，先别急着吃棉花糖》这本书后，你们特别期待阅读这本书，课间一拥而上，争抢着去阅读。这种由同学们自己推荐的书，我发现你们更加喜欢，因为你们是同龄人，有相同的爱好。

记得有段时间，有些同学迷恋玄幻小说，有些同学成天沉迷网络小说，严重影响了学习和休息。在班委们的建议下，我们召开了激烈的辩论会"开卷有益与开卷未必有益"。你们经过一周的精心准备，自己设计，自己组织，在辩论会中正方依据观点推荐阅读优秀的作品，列举了阅读不良书籍的弊端和害处。在激烈的辩论中，你们明白了冰心奶奶对青少年的寄语："读书好，好读书，读好书。"那一次辩论以后，你们相互监督，以"读好书"为目标。

回忆我们上的语文课，多数都跟课外阅读有关。记得我们学习《冬阳·童年·骆驼队》这篇课文后，林海音的《城南旧事》就成为我们"攻克"的对象；学习了《草船借箭》后，我们又用了好几天交流《三国演义》中的经典故事；学习了《猴王出世》后，我们谈了整本的《西游记》。印象深的还是《刷子李》那篇课文，那是一篇略读课文，完全由大家自己阅读，发现了冯骥才的写人方法。随后,我告诉大家要想了解更多冯骥才的写人技巧,就得去读读《俗世奇人》。于是,我们用了一周的时间读了《俗世奇人》两册。果然,你们在习作《一个有特点的人》时,篇篇是佳作,笔下的人物分外传神,特点鲜明。回想那些教学时光,我感觉我的语文课堂教学似乎不像那种正式的语文课,不是我自夸,这样的课不就是于永正老师所言优秀语文老师的"课非课"吗?你们也有这样的感受,陈老师的语文课,读书永远站在课堂中央。

　　我尤其强调要出声阅读,有声阅读是让我们走进文字世界的索道。有声的阅读有利于培养我们阅读的情感,有利于培养我们的语感。时间长了,我们就会形成语感,口语交际便会出口成章。因此,在阅读课上,人人朗读,人人过关。每天的预习要求你们至少出声朗读一遍课文,每天的课外阅读半小时至少用10分钟时间出声阅读。正是这样才把你们的朗读能力培养起来,你们朗读的声音越来越洪亮,朗读的情感越来越丰富,每个人都是"最美朗读者"。每一次我们要选拔主持人,选拔参加朗诵节目的人选时,超过半数的同学都要参与,既让我为难,又让我为你们而高兴。还有好几位同学成为校园广播的播音员,全校同学都在欣赏你们的朗读,想想就幸福。这样的朗读,希望你们一定坚持下去,不仅仅可以学好语文,对于你们成长、成才也将受益无穷。

　　在课外阅读中,我还特别强调古诗词的阅读,你们还记得陈老师的方法吗?对,就是"每周一诗"。每周一诗,我们也坚持了5年,从一年级开始,算起来应该超过150首了。这些古诗词全部都是你们自己选择、自主积累的,当然必须是课外的。每周一,学习委员会把本周需要积累的古诗词抄写在黑板最右侧,你们都会整齐地抄写在自己的积累本上。每天上语文课前,你们都会朗读这首古诗词,读着读着你们不自觉地就记住了。其实,这个方法自我从教以来就开始用了。许多上了初中、高中的学生写信告诉我,正是在小学积累了大量的古诗词,上了初高中学习古诗词变得很轻松,因为有些就是小学读过、积累过的。看来我还是有远见的,现在的统编语文教材增加了大量的古诗词和文言文,我相信有前面的大量阅读积累,即使是统编教材你们也应该学得游刃有余。

时光易逝，而记忆隽永。是阅读让我们在一起愉快地度过了那段岁月，如果说为什么我们彼此还有些不舍，那是因为阅读让我们彼此牵挂。

在批注阅读中独享"悦读"滋味

——统编小学语文四年级上册《牛和鹅》教学思考

题目中我为什么用"独享"一词,因为对于每位读者来说,谁读谁知道,那种阅读的滋味唯有自己才能体会,任何说教都不可能传达。我喜欢阅读,因为可以走进百态人生。阅读不同的作品,感受不尽相同。徜徉于经典著作中时,你仿佛可以穿越时空与圣贤对话;漫步于散文著作中,你仿佛可以自在地畅游世界。在文字中穿梭,情感也随之行动,时而热血沸腾,时而热泪盈眶,时而感慨万千,时而百感交集……

成人的阅读经验能给儿童阅读带来哪些启示呢?这是我备课时一直在思考的经验的问题。成人的阅读与儿童的阅读既有联系又有区别,如果能从成人阅读经验中提取适合儿童阅读的方法供儿童学习借鉴,从而提高儿童阅读的兴趣,儿童阅读便可以事半功倍。

为什么我一直在思考这样一个问题?那是因为我最近正在准备一节课《牛和鹅》。《牛和鹅》是统编语文教材四年级上册第六单元的第一篇课文,在北师大版教材五年级曾经出现过,但是两个版本用这篇文章的目的截然不同。北师大教材用《牛和鹅》来教阅读需要从不同角度思考,统编教材用这篇文章教学生"批注阅读"。这一单元编者没有将其定义为"策略单元",但是和策略单元的编排又十分相同,第一篇《牛和鹅》是学习批注阅读的角度,第二、三篇《一只窝囊的大老虎》《陀螺》分别是在不理解的地方和印象深的地方做批注,单元的"交流平台"也是围绕"批注阅读"展开的。

翻开教材《牛和鹅》,我们就能看到在文章两旁有编者的文字批注,也可以称作"旁批"或者"批语"。这是与其他课文截然不同的地方,这些批注是谁批注上去的呢?阅读这5处批注,我们不难发现,这不是哪位儿童的批注,因为一个孩子的阅读不能代替所有孩子的阅读。这一定是编者的意图,为了引导孩子从不同角度做批注,编者真是煞费苦心。

研读教材有利于自己形成有效的教学设计,于是我以"批注阅读"为主线,设计了"圈画词语学字词—阅读旁批明角度—选择片段教方法—自主阅读练批注"这四个教学环节。

第一环节让学生在阅读文本时圈画自己认为新的词语和不理解的词语,然后自己学习或者向小组内同学请教,最后在全班展示交流学习生字新词的情况。这样设计就充分尊重了学生的主体地位,因为每个孩子的阅读基础不同。课文后的生字是教材体系内认同的新生字,学生学情不同,对于有的孩子来说是生字新词,而对于有的孩子来讲可能已经熟练掌握。字词教学要打破常规,不要惯用统一出示词语的方法让学生认读、识记、理解。在交流中,我发现有的学生圈画了相同的词语,有的则圈画了不同的词语,基础较好的同学圈画的新词语则较少,而基础较弱的同学圈画的新词语则较多。

在学生的交流发言中,我能发现每一位同学都流露出喜悦之情,我想这就是变被动为主动,变"你要学"为"我要学"。关键是让学生在阅读中动手做了批注,这里的批注虽然只是学生圈画了一些词语,但这是最基础、最有效的批注。回想自己平时的阅读,最简单的批注就是遇到了好词、新鲜词、陌生词总会拿出笔来将其圈起来,再次翻阅时首先就关注自己圈画的那些词句,如此一来,记忆便更清晰了。

第二环节是根据课文中的批注,思考批注的角度。这个教学目标依据课后第一题而定,从教材设计的意图看,目的是让学生知道批注可以是阅读时的提问,可以是文章写得精彩的地方,可以是阅读后的启示,可以是文章的写作方法,也可以是自己不理解的地方……在教学中,主要通过阅读第一自然段,引导学生谈自己的阅读感受,对比发现文中的批注,引出编者的批注角度是提问,然后再让学生阅读其他4处批注,交流批注的角度。在实际教学中,从写法角度进行批注学生不易发现,从整体阅读后得到的启示这个角度进行批注学生也难以发现，学生对阅读感悟式的批注理解起来较为容易。这就说明儿童视角与编者视角存在差异，教学时要尊重学生的理解，不应严格按照编者意图进行教学，而应灵活变通，适当取舍。

最关键、最重要的是第三环节的教学，要让教学真正发生，必须要有实效的方法。如何进行批注阅读？对于四年级学生，我们不能提一句笼统的要求，必须有细致的指导。在教学中，我以课文第三自然段为例，让学生先画出孩子们不害怕牛的句子。学生读句子谈感受，这时的感受比较浅显，有的孩子说感受到孩子们不怕牛，有的孩子说感受到孩子们胆子大等。阅读还可以再精致一些，让学生圈画描写孩子们动作的词语，抓住"拍牛背、摸牛肚、触牛屁股、扳牛角、骑牛背、捶牛背"这些短语，再让学生谈感受就比较全面、深刻了，他们就能感受到孩子们欺负牛、亲近牛等。孩子们这样对待牛，牛的表现如何？再让学生找出描写牛的句子和词语进行体会，感受到这牛老实、温顺，特别还能体会到这牛非常宽容。教学至此，一定不能让阅读感受溜走，立刻让学生选择一个角度把自己对孩子们或对牛的感受批注在文章旁边。因为每个孩子感受不同，批注自然不同。又因为是书写自己的感受，批注时学生们的喜悦感油然而生。教师抓住教学契机，总结批注阅读可操作的方法：画句子—圈词语—写感受。

掌握了批注阅读的方法，还要给学生自主练习的机会。第四环节主要是让学生默读课文5至7自然段，找出描写孩子们怕鹅和被鹅追的句子，按照"画句子—圈词语—写感受"的方法进行自主阅读。设计一问题："这鹅真是（　　　　）！"学生经过阅读思考，填了很多精彩的词语，有不可一世、骄傲自大、胆大妄为、气焰嚣张、耀武扬威、趾高气扬等。让每位学生把自己填的词语批注在文章旁边。下课时间到了，学生仍饶有兴趣地做着文字批注。

一节课的时间有限，如果能给学生留下无限的记忆，教学就一定有价值。这节课学生在课本上记录自己的阅读感受，习得了批注阅读的方法，提高了阅读的质量，孩子们有成就感，有喜悦感，有幸福感，这种感觉如果能伴随着每个孩子的童年，必将是一段美好的旅程。

从"呼鸡唤狗"到"呼风唤雨"

最近正在给孩子们读曹文轩的《草房子》,书中的主人公桑桑比学生们大不了几岁,且果敢、睿智、机灵、个性鲜明。在孩子们眼中,桑桑聪明、有担当,因此,他们对桑桑颇感兴趣。除此之外,曹文轩的《草房子》描述的是二十世纪七八十年代的乡村生活,而如今的孩子缺乏的正是乡村生活的体验,书中描写的芦苇荡、草房子、乡村田野、闲云野鹤、摸爬滚打等让学生心有所期,心生好奇,自然就掀起了读《草房子》的热潮。

今天正给孩子们读"白雀"这一章节,文中有这样一个句子迅速吸引了大家的眼球,此句是"村子里传来了呼鸡唤狗的声音"。为了学生更好地理解"呼鸡唤狗"这个词,我便问道:"哪位同学有农村的生活经验,知道呼鸡是怎么呼的?"举手的同学可真不少,可是没几个学得像。有的学的是公鸡打鸣的声音,有的学得是鸟叫声,有的直接喊出"咯咯"的声音,惹得同学们笑得人仰马翻。唯有一位同学学得还比较像,因为他的老家就在农村,曾见过农村人怎么呼鸡。由此看来,现在的孩子非常缺乏农村生活的体验,难怪近几年乡村体验营如此火爆。

对于我来讲,从小在农村长大,农村人呼鸡无非这几种情况,一是喂鸡的时候,二是傍晚时分唤鸡回窝的时候,三是要宰它的时候(过去在农村,不管哪家来了重要客人,都是要宰只鸡的)。我小时候就帮过母亲呼鸡吃食,第一次也是没有经验,无论怎么喊叫,鸡对我的喊叫都无动于衷,也许是"语言不通",也许是鸡觉得我有敌意。后来母亲告诉我,一边发出"咕咕"

的声音，一边还得做撒粮食的动作。照母亲的叮嘱，我试了试，还真奏效，不一会儿所有的鸡都来到我身边，等待着我来喂食。那一刻，别提我有多么开心啦。

孩子们听着我的讲述，全然陶醉其中，比看动画片还要认真。唤狗相对好理解，城里人也喜欢养狗。唤狗时可不是学狗叫，那怎么唤狗？同学异口同声地答道："喊狗的名字。"没错，狗比较通人性，唤狗只需喊狗的名字即可。农村人给狗起名字淳朴一些，黑色的叫"黑子"，白色的叫"白球"，黄色的叫"阿黄"。城里人养的狗金贵些，起名字大多洋气一点儿，有的叫"豆豆"，有的叫"毛毛"，有的叫"雪球"，更有取英文名字的。有时人家叫狗的名字你还以为是在叫人呢！有一次，在大街上有位高雅的女士边走边叫——宝宝快点儿，我原以为在叫她的孩子，回头一看，是一只摇头摆尾的小狗。

此刻，学生明白了什么叫"呼鸡唤狗"，但我没有戛然而止，继续问："谁还知道'呼 ___ 唤 ___'式的词语？"多数同学齐口呼出"呼风唤雨"。

"什么叫呼风唤雨？"

"要风来风，要雨来雨。"同学们答道。

表面来看，学生说得也没有错。为了让学生能进一步理解词语的引申义，于是我又说道："这个词语可以用来形容什么样的人？"学生的回答让人哭笑不得。有的说是形容神仙的，只有神仙可以要风得风，要雨得雨；有的说是算命先生，要能掐会算；有的还说可能是搞人工降雨的人……

看来这个问题不能这么问，我又换了一种问法："呼风唤雨是用来形容人的什么？"有同学就明白了，原来是形容人的本领大、能力强。为了巩固对这个词语的理解，我让孩子们用"呼风唤雨"说一句话。有同学马上就答道："孙悟空可以呼风唤雨。"我评价道："孙悟空是齐天大圣，有这本领。""陈老师在班里可以呼风唤雨。"我评价道："老师有这本领，但前提是为了你们的成长。""我妈妈在我们家可以呼风唤雨。"我评价道："妈妈太强势，你和你爸爸要注意啦！"

通过几番对话、几番追问，学生对词语的本意和引申义有了更深刻的理解，且能尝试运用。记得曹文轩给孩子讲如何写好作文，他的秘诀就是两个字"折腾"。我教孩子们理解一个词花费了很长时间，花费了很多心思，其实这也是一种折腾。这样的教学过程虽然是课堂上随机生成的，但学生的记忆是刻骨铭心的。

曹文轩用他的"折腾"写出了畅销书《草房子》《青铜葵花》等，2016年，他获得了"国际安徒生奖。"作为语文教师，我们是否也可以在语文课上折腾呢？

童年，有书相伴

我们环游不了世界，书可以带我们去；我们无法穿越时空，书可以带我们去；我们不能腾云驾雾，书可以带我们去……有人说，一个孩子如果没有读过《哈利·波特》，那么他的童年就是残缺的。这个说法我也赞同。孩子就应该像孩子，幼稚、天真、淘气乃至异想天开都是孩子的本性。而如今，很多人却把不犯错、懂事、成熟、老练作为优秀孩子的评价标准，以至于孩子们从小就失去了灵性。当学业、成绩、辅导班、兴趣班像泰山压顶一样压在孩子身上时，孩子还是孩子吗？当手机、电视、平板电脑这些新鲜事物被拿走之后，孩子还有哪些方式接收信息？书籍自然是最好的方式。

孩子不读书，多数是因为他没有遇见自己喜欢的书。那么孩子喜欢什么书？让孩子喜欢应该有这几个因素。一是符合儿童的视觉审美，诸如绘本、彩绘图书。这样的书更形象、直观，孩子阅读起来就像在看动画片。从内容角度看，那些故事性较强的书对孩子更具吸引力。二是需要家长或者教师引导他们喜欢，比如历史类和科学类的书籍。这些书孩子如果没有读进去，是很难读出兴致来的。三是有孩子喜欢的环境。人是触景生情的动物。如果在家里，家里人都在读书；在班里，同学都在读书——那他就不好意思不读书了。

让孩子喜欢读书，要从有书可读开始。我提倡，家长宁肯少抽一包烟，也要为孩子的书架添本书。书多了，孩子的选择就多了，总有一本他会看上眼，总有一本会迷住他。我们不必担心买的那些书他没有读而浪费。家里养了各种各样的花草，我们从来没有要求孩子去观察过，等到有一天谈起花草时，孩子却能侃侃而谈。买书的道理亦如此！你读或者不读，书就在眼前，想读时随手可取，不想读时也举目可见。

儿童的阅读不能用成人的标准来评价，我们经常听有的家长说，孩子读完一本书，什么都没有记住，读了等于白读。类似这样的评价只会打击孩子的阅读积极性。从孩子的角度思考，这是一种无压力阅读，非常轻松、自在、闲适，这种阅读方式产生的影响是潜移默化的，无须去追求立竿见影的阅读效果。读书做读书卡、写读后感的方法一定要慎用、少用，给足时间让孩子们纯粹性地阅读更好。

周末，带孩子去图书馆，去阅读吧。浩瀚的书海，舒适的环境，安静的阅读，不经意间，你也会拿上一本或熟悉或陌生的书，静静翻阅。此刻，当你环顾四周时，发现人人都沉浸在阅读中，孩子平时再淘气也会屏气凝神地阅读。在书店读书，时间格外匆匆，离开时依依不舍，若能购买几本所爱的书，更有一种大获而归的感觉。

书不仅可以用来读，还可以用来交流情感。一句"你最近读过什么书？"，朋友之间的交际就有了话题。一句"我借你一本书"，同学之间的关系就会更加亲密。书读不完，更买不完。前段时间，为了让学生的图书流动起来，学校策划了"跳蚤书市"。孩子们自己组建团队，成立自己的"书店"，那些书店的命名各式各样，独具匠心，超出了我们的想象。活动当天，操场成为市场，学生成为"商家"和"顾客"，一份份海报夺人眼球，一声声吆喝此起彼伏。看到孩子们买书、卖书、换书、赠书，我也兴致勃勃地加入其中。你别说，还真有一些宝贝！加之那些孩子苦口婆心的解说，口若悬河的推销，一会儿工夫，我就淘了三十几本。活动结束了，书还是那么多书，只是到了不同人的手里，书成为孩子与人交流的纽带，也让他们感受到了书的价值。在他们的童年里，有这样一次经历，他们对书的认识，对读书的兴趣一定有铭刻于心的记忆，这种记忆为童年又增添了不少斑斓。

书市结束好几天了，还能在楼道、操场、教室里听到孩子们的议论，好像这个话题还是那么新鲜。我有时悄悄凑上去听，原来他们是在计划来年的读书节活动。这就是孩子，一旦喜欢，就不愿放下。就像读书，一旦有了兴趣，就会习惯成自然。

突然有一天，有位五年级的小男生在校园里追上我："陈老师，您是不是在书市上买了一本鲁迅的《故事新编》？"他渴望的眼神带着坚定。我忽然想起，"跳蚤书市"结束的第二天，他的班主任就在询问哪位老师淘到一本鲁迅的《故事新编》，说是班里有位学生拿了他哥哥的书，那是他哥哥好不容易才买到的书，他并不知情，以为是闲书就给卖了。当时只有我有印象，答应回去找找看。回去一翻，这本书果然在其中。我没来得及阅读，装在包里，准备送还给这位同学，没想到他竟然找上门了。"是的，我正准备还给你呢。"我一边说，一边从包里掏出那本有点儿泛黄的书。当我把书递给他时，他却不伸手接，右手伸到裤兜里，瞪大眼睛说："陈老师，您多少钱买的？我给您双倍价格。"我顿时笑开了："不用给我钱，书还给你。""不行！您一定要收钱！"他从裤兜里拿出了一把揉皱的零钱。男孩儿的态度越来越坚决了，我方才严肃地说："你要是这样，书就不还你了。"听到这话，男孩儿接过书，弯腰鞠躬后才离开。

看到小男孩儿蹦蹦跳跳的背影，我如释重负。这本书就是他和哥哥情感的纽扣。想到这里，我似乎听到了他们兄弟俩的对话。一本书，一个故事，小男孩儿也许从来就没有读过这本书，但这个故事的价值远远超过了阅读那本书的价值。

儿童阅读，还应该从"发声"开始。儿童是天生的模仿家，在牙牙学语时，他们就对声音特别敏感。育儿专家还建议，最好的胎教就是讲故事，或者播放故事。低年级的阅读，我提倡家长与孩子共读，这种读就是出声读，可以每人读一句，可以是读给孩子听，也可以是听孩子读。孩子读的内容不必纠结是否理解了，是否记住了，出声朗读只是为了让孩子形成语感。语感是一种对于文字的感觉，特别奇妙，有了语感，表达就不难了。

也许有人说，我们一天哪有时间与孩子共读？时间，不挤怎么会有呢？

我过去结识了一位家长，她一天上班很辛苦，回家还要给女儿做饭，就在她做饭的时候，让女儿给她读书听。坚持多年，她的女儿逐渐养成了习惯，朗读水平越来越高，对语言文字越来越喜欢，说起话来滔滔不绝，写起文章来头头是道。

给儿童上课看起来容易，做起来并不简单。因为好动、淘气、顽皮是他们的本性。如何让他们上课时能安静下来？我的方法就是给他们读书。低年级给他们读童话故事，高年级给他们读历史故事，每学期读一整本"种子书"，孩子就会像看电视剧一样期待着听教师的朗读，语文课堂也成为他们向往的地方。听老师朗读最大的益处是孩子逐渐对书充满好奇，从而自觉地去买书、读书。

保持儿童对读书的兴趣就要持续不断地肯定他们的成果。如果我们只是布置读书任务，没有检查、评比、展示的过程，学生的读书就会流于形式，出现"假读"。我每天都会布置读书任务，每天语文课都会随机抽一位同学在语文课前进行朗读展示，倘若没有提前读一定读得结结巴巴，提前读了一定读得声情并茂。因为是在讲台上读，每位同学都非常珍惜这样的机会，每节课都争先恐后地抢着上台朗读。一学期下来，每位同学至少都有两次上台的机会，读书成了他们心心念念的事。

在孩子读书这件事上，我们必须要舍得。要舍得给学生时间，每节课我们可以少讲一点儿，让孩子多读一点儿。每逢期末，我都要在班里开一次全员读书交流会。按常理说期末复习是关键时刻，而我却愿意把大量时间交给孩子分享读书的喜悦。有一年的期末，我把三天的语文课时间全部用来办读书交流会，每位同学上台汇报，我逐个给予点评，孩子们完全沉浸在分享与倾听的快乐之中。可想而知，如果一个孩子介绍一本书，一场读书交流会下来孩子们至少了解了四五十本书，这远比教师推荐解说丰富多彩。与此同时，孩子们还"躲"过了枯燥乏味的语文知识复习，阴云覆盖的世界突然变得充满阳光。

我观察过喜欢读书的孩子，他们的眼睛里总是充满了对未知世界的渴求，他们的身上总是升腾着一股灵气，他们的一笑一颦都那么与众不同。人群中，你一眼就能发现的那个孩子，他的童年一定与书发生过讲不完的故事。

阅读策略单元教学的路在何方

统编小学语文教材增设了阅读策略单元,三年级是"预测",四年级是"提问",五年级是"提高阅读的速度",六年级是"有目的地阅读"。从中,我们可以看出编者的意图,意在培养学生阅读兴趣的同时教给学生阅读的策略。

阅读策略单元究竟该如何上?这应该是一线教师最大的困惑。统编教材使用以后,也有不少机构组织专家、名师、一线教师展示过阅读策略单元的课例。但那都是一种探索,是否有效,是否有利于学生语文能力的形成,是否能真正提高学生的阅读能力,都有待于验证。也有一线的教师模仿名师的课堂,发现教学目标很难达成,有时候还有一种把课上成四不像的感觉,即语文课不像语文课,教策略好像也没有完全教清楚。

最近,我刚刚上完四年级上册的"提问"单元,感触颇多。从单元导读看,编者引用宋代陆九渊的话"为学患无疑,疑则有进"作为人文要素。语文要素有两个:"一是阅读时尝试从不同角度去思考,提出自己的问题。二是写一个人,注意把印象最深的地方写出来。"从导读就能看出提问的主题非常鲜明。如何提出问题?我们需要关注的一个关键词就是"思考"。只有思考才能提出问题,才能提出有价值的问题。想不明白的是第二个语文要素和整个单元的训练有何关联。提问单元,还让写人?于是,我继续思考,既然这个单元教学生提问,能否将习作训练也与之匹配呢?如,写一写自己在阅读中、生活中、学习中曾经提问题的经历。统编教材六年级下册就有一篇文章《真理诞生于一百个问号之后》，这篇文章就是写关于提问的最好范文。

纵观整个"提问"单元，除了习作要求与提问无关，其他的内容安排都紧贴主题，要求层层递进，螺旋上升，训练梯度明显。

《一个豆荚里的五粒豆》是一篇童话，意在激发学生提问的兴趣，并对提出的问题进行整理，发现有些问题是针对一部分内容提出的，有些问题是针对全文提出的，课后列举了"小组问题清单"。实话实说，四年级的学生理解泡泡中的这句话，真的有难度，就算是成人，也要反复琢磨。其实，简单说就是读到文中片段提出的问题和读完全文后提出的问题。

《夜间飞行的秘密》则是教学生如何把提出的问题记在合适的地方，可以写在旁边或是文后。这是第一课的延续，针对部分内容提出的问题就写在文章的旁边，针对全文提出的问题就写在文后。这个要求合适，学生基本能理解，也能做到。但是还有一个提问的角度就比较难了，按照课文后面"小组问题清单"的提示，要引导学生针对课文内容提问，针对写法提问，从得到的启示提问。在课后，有一篇《它们是茎，还是根？》的节选，让学生练习试着从不同角度提问。从教学实践来看，学生提问的角度多数在针对内容，很难从写法、联系生活来提问。我们不得不思考，是编者要求高了，还是学生素质低了？

第三篇课文《呼风唤雨的世纪》，要求学生写出自己的问题并进行整理、筛选，对于不影响课文理解的问题可以暂时放放，对于能帮助理解课文内容和能引发深入思考的问题要尝试解决。学生是否能筛选出对理解课文有帮助的问题？学生要对课文非常熟悉，并且要理解了文章的主旨，才能做出判断。同样，这样的要求难度依然较大。

《蝴蝶的家》作为略读出现，是基于前三篇的学习的练手，让学生自己提出问题，进行分类、筛选，并尝试解决问题。文章以散文的形式出现，而其中又有科普的知识，蝴蝶的家究竟在哪里需要学生查阅相关资料才能解决。

不难看出，编者用心良苦，但教者无从下手。有时候，我们发现有些问题都是学生明知故问，但老师还要表扬"这个问题提得好"！如果单纯为了实现教"策略"，没有重视学生语文能力的培养，这样的策略教学如同捡了芝麻丢了西瓜，不客气地说就是本末倒置。那么面对策略单元，如何进行教学，才能既达成能力训练，又不失语文的味道呢？我觉得应该有两条线，一条线是要夯实语文基本知识的学习和语文能力的培养，另一条线则是阅读策略的训练。

我们可以试想，学生不认识生字，课文读不懂，词语不理解……我们能单刀直入地去教策略吗？显然不可以。阅读策略其实是一种高级的语文能力。比如提问策略，能提出自己不懂的问题这只是第一层面，对于小学生来说相对容易，因为他们知识面有限，不懂的太多。这样的提问只能培养学生善于提问的习惯，但是提问的最终目的是解决问题，而不是简单地提出问题而已。能提出有价值的问题是第二层面，如果学生对文本没有深入研读，也没有独立深入的思考，很难达成这一教学目标。能从不同角度提出问题是第三个层面，这需要学生具备思维的广度。思维的广度从何而来？那是学生语文综合素养的集中体现。

由此可见，学生要学习掌握阅读策略的前提是学好语文的基本知识和技能。于永正老师说教语文很简单，就是"读和写"。读是读书，写是写字，写文章。当我们拿到策略单元的课文时，一定不要被"策略"二字牵着鼻子走，而淡忘了自己本应该走的路。

本应该走的路必须得走，而且要走得稳当、实在。对于阅读策略单元的课文学习，我们不妨用"每课四问"。第一问：学生把课文读通了吗？要读通课文，就得学习生字、词语，还有读长句子的停顿等。第二问：学生把课文读懂了吗？基本要求就是要大致了解课文的内容。第三问：有哪些词语、句子值得背诵积累？学习语言的最终目的是运用，学以致用是学习的最佳效果。第四问：要求会写的字、词是否都能写正确，写规范。就拿提问单元来看，每课都有12个左右要求会写的字，生字的书写依然不可小觑。

不积跬步，无以至千里。做到"每课四问"，方能巩固语文学习的根基。

在此基础上，我们就可以放手教阅读策略了。至于如何教，教材已经指出了明路。

其实，无论什么阅读策略，都是为了提高学生的阅读能力。策略单元不能仅仅教策略，非策略单元也不能不教策略，应随文本特点、学生基础、课堂生成而定——简言之，以学定教。

这节作文课在操场上

"下午的作文课在操场上!"伴随着我的宣布,教室里顿时炸开了锅,就连平时一声不吭的几个同学都发出了尖叫声,性格活泼的同学更是手舞足蹈。

这是怎么回事呢?原来四年级上册第六单元的习作是《记一次游戏》。备课前,我反复琢磨这样的作文如何指导?当我看到"丢沙包、跳大绳、两人三足跑、一二三木头人……"这些游戏时,突然萌生了一个想法:既然是写游戏,如果没有真实的玩,没有真切的感受,怎能写出真情的文字?于是,我决定带学生到操场上去玩游戏。

把作文课堂搬到操场上,学生自然喜不自胜,甚至忘乎所以。但是作为教师,我必须保持清醒的头脑,厘清思绪,毕竟这是教学,不是单纯的玩。

看到学生高涨的情绪,我示意大家安静下来。如果想玩,得想清楚玩什么游戏,和谁在一起玩,准备什么道具。围绕这些问题安排同学们自由组合在一起商量、讨论。这时,教室里又开始热闹起来。有号召力的同学迅速召集了自己的伙伴,聚集在一起开始商量,有的意见一致,有的想法迥异。再看看教室里,还有几个性格内向、不善言谈的同学一脸惆怅,不知所措。我走近他们,询问他们的想法,让他们分别加入不同的小组,这样人人都参与了交流。我本想参与其中给予指导,没想到他们个个滔滔不绝,我压根儿插不上话。讲规则,带道具,说分工,学生们滔滔不绝。

其实,这是我有意设计的。"记一次游戏"怎么写?首先就要写游戏前的准备。同学们七嘴八舌的讨论过程自然而然成为习作的潜在文字。

不出所料，同学们中午回家都各自做好了充分的准备，带上了自制的沙包、借来的跳绳、奶奶的手绢……细细观察，同学们喜出望外，期盼着下午作文课的到来。这个等待的过程，是学生心理活动最丰富的时刻。

上课铃响了，我走进教室，宣布"走，去操场玩游戏吧！"，孩子们就像放飞的小鸟，迫切的心情犹如"千年等一回"。

等我来到操场上，他们已经玩得不亦乐乎。看着他们自由的身姿，听着他们爽朗的笑声，我发现玩真的不用教，孩子们个个都是游戏玩家、行家。在操场上，我似乎成了局外人，只能默默地看着他们玩，精彩时为他们留下美好的瞬间。七八个女孩儿玩起了丢手绢，蹲下围绕成一个圈，唱着那首熟悉的歌谣："丢手绢，丢手绢，轻轻地放在小朋友的后面……"被逮住的小朋友站在圈中央要表演节目，他们所谓的表演节目花样真多：唱歌，讲笑话，跳舞……竟然还有我没有想到的背古诗、说成语。一旁的我暗自欣喜，果然不愧是我的学生，出节目都这么"语文"。想想平日让孩子们每周背诵一首诗，每日记住一个成语，在孩子们心中，这些也能算作一种才艺了。

男孩子们喜欢更刺激的游戏，他们竟有两组都在玩打沙包，攻击手站在两头，中间的同学自然是击打对象了，被击中者垂头丧气地站在一旁，艳羡地望着场上"存活"的队员。但凡一直都淘汰不了的同学都是反应敏捷、身手矫健的，有的同学还能准确无误地接住飞来的沙包。他们讲，能接住一次沙包，就能存储一次"生命"，一会儿工夫就有个男生存了"五条命"，这可累坏了扔沙包的两位同学，也急坏了场下被淘汰的同学，因为他们还想着玩下一局，只有场上的同学洋洋得意。激战许久，仍拿不下场上的对手，看得我也摩拳擦掌了，拿起沙包，扮演"进攻"角色。看到我也参与，同学们都围了过来，看我如何施展技能。我拿起沙包就一个假动作，击中了一名同学，围观的同学拍手叫好。在真真假假动作的交替下，场上的对手全部被拿下，孩子们一起为我竖了个大拇指。其实，教师参与游戏也是我有意设计的。这样，学生在写印象深刻的环节时就有更多的出彩点，教师参与游戏更加体现了游戏的吸引力。

除了丢手绢、打沙包，还有的小组在玩老鹰捉小鸡、一二三木头人、跳大绳。跳大绳这组有意思的是绳子，他们没有大绳，就把两条小跳绳拴在一起，硬凑成了一条大绳。可见，在游戏中，学生总能迸发出智慧的火花。

我一边观看，一边参与，更重要的职责是指导学生如何观察，留心在游戏中每个人的动作、神情和语言。通过人物的动作、神态、语言体会人物的心理活动是本单元的语文要素之一。指向写作的指导应该反过来，引导学生把人物的心情通过动作、神态、语言描写体现出来，而不是直接表达。就如网络上流传了一篇文章是写喝酒喝醉了，但是全文没有一个"酒"字。因此，学生玩游戏时，要引导学生从不同角度做好观察和体验。

在玩中度过的这节课时间过得很快，下课的铃声响起时，孩子们还有些意犹未尽，个个依依不舍地离开了操场。

第二天作文讲评时，孩子们踊跃上台朗读自己的作文。显然，这篇作文对于他们来说非常轻松，因为有真实的场景、真实的描写和真实的情感。就连平日的作文"困难户"都交来了自己为数不多的"长篇大论"。的确如此，当学生有了写作素材，表达就容易多了。

我时常在反思，为什么学生怕写作文，很重要的原因是学生缺乏体验和经历，写文章基本靠"编"或者是想象。就如孩子没有做过饭，怎能写出做饭的过程呢？孩子没有洗过衣服，怎能写出洗衣服的细节呢？孩子没有游山玩水，怎能写出大自然的宁静和美呢？

读万卷书还须行万里路。现在的孩子，多数被成绩、作业、辅导班"绑架"了，没有时间玩，没有机会体验童年的快乐。想想自己的童年，总能抿嘴一笑，那时候玩得真多，滚铁环、打斗鸡……就连大人抽完烟的纸盒都能叠成三角在地上打着玩。那时候干得也多，上山放牛，下沟挑水，春天除草，秋天掰玉米……正是玩得多，劳动多，提起童年总有剪不断的回忆。

玩游戏是每个孩子的天性，在玩中才能生发智慧，在玩中才能发明创造。我提出的"童趣语文"，就是还原儿童的本性，让儿童去做儿童应该做的事情。写作同样如此，尊重孩子的语言和表达，才是真正的儿童作品。当你把孩子当成作家去培养时不可能培养出作家；当你把孩子当成儿童去对待时，也许他将来能成为作家。育人之道，如此罢了。

一节语文味儿十足的数学课

我是一名语文教师,却一直喜欢跨学科听课,因为这样听课非常特别,有一种"超越自我"的感觉。可能是因为经常听语文课,偶尔听一节其他学科的课,总是那么新鲜,那么新奇。常常能从其他学科的课堂上借鉴一些教学方法,或是受到一些启发,或是找到语文课堂教学设计的突破口。

2018年至今,我听了音乐课、体育课、美术课、英语课、数学课,只要有教师上公开课,我都会挤时间听课。六年级数学王老师上课,我非常期待,因为她的教学经历比较特别。她毕业就教数学课,曾一度代表学校参加陕西省数学课堂教学大赛,还获得了一等奖,学校把她一直作为数学骨干教师培养。但是在几年前,由于学校扩班,急需语文教师,她又被调到语文教师岗位,之后她主动申请再回来教数学。这样一位有着特殊经历的教师要上一节数学公开课,我特别期待能听到不一样的数学课。

听完课后,我感慨地说道:"这是一节语文味儿十足的数学课。"这节课的教学内容是"百分数",的的确确是教数学知识,但是语文味道萦绕在整个课堂中,让数学课不仅仅有概念、练习、计算,还有文字、语言和文化。我这样形容,你们应该能想象到这节数学课带给学生和听课教师什么样的感受了吧?

开课,王老师用爱迪生的名言"天才 =1% 的灵感 +99% 的汗水"导入,教导学生在学习中只有勤奋、刻苦,才有可能成功,才能成为有用之人。当然,王老师的设计还意在让学生关注句子里出现的百分数。这样的导课达到了"一石二鸟"的效果，学生记住了名言，思想受到了洗礼，更体会到了百分数其实在生活中经常都能遇到。

在教学中，她选择和学生生活有紧密联系的案例让学生认识百分数的意义："近期，足球比赛在学校拉开了序幕，六八中队获得一次罚点球的机会，他们准备派三名队员中的一名去罚点球。"出示表格，学生通过观察、通分、计算，很快都认为 A 同学的命中率最高，应派 A 同学参赛。在交流汇报中，王老师引导学生说完整的话："这次射门比赛，建议某某同学参加，因为他的命中率是百分之多少。"

像这样引导学生把话说完整，在语文课堂上再正常不过，而在数学课上听到这样的教学语言，我们语文教师就有一种亲切感。在课堂上，在学生的交流、发言中，王老师总是引导学生在掌握准确知识的同时，练习完整的语言表达。我大概统计了一下，"请完整表达"这句话出现频率在 10 次以上。

为了巩固学生对百分数的认知，王老师设计了根据成语填百分数的练习：百战百胜(100%)，十拿九稳(90%)，百里挑一(1%)。这个练习真有意思，能准确填出百分数，说明学生也理解了成语的意思，可谓语数学科整合的典范。还有更"语文"的设计，根据百分数猜成语：100% 的命中率（百发百中），生还的可能性只有 10%（九死一生），50% 的国土（半壁江山）。学生在猜成语的过程中不仅运用了百分数，还积累了丰富的成语，真是两全其美。

结课时，王老师又以警句"凡事干下去就有 50% 成功的希望，不干便是 100% 的失败"鼓励学生只要有百分之一的希望，就要付出百分之百的努力。特别对于农村的孩子，这样的警句更适合激发他们用勤奋、努力、奋斗来改变自己的命运。王老师这样的设计，又照应了开课时爱迪生的名言。如果这节课是一篇文章，那么从整体上看，它首尾呼应，浑然天成，结构严谨，相映成趣。

王老师的数学课如此生动、活泼，多多少少和她上了 5 年语文课有关联，数学课中适当融入语文元素，就变得既严密又不失活力。我喜欢听数学课，听数学课给我的语文课也带来了很多启发。例如，数学课堂中学生的动手实践和练习题的环节，把学以致用展现得淋漓尽致。在语文课上，教师通常讲得太多，学生练习得少，如果多听数学课，一定会把更多时间交给学生进行语言实践。

其实，在分学科教学的今天，我们不仅要跨学科听课，更要学会整合各学科的优势为自己的教学所用。因为教育不分学科，师者焉能分学科！

第三章　**乐行课堂**
Le xing Ketang

　　一节学生喜欢的语文课，一定融入了教师的精思妙想。精准的教材解读，准确的学情分析，全面的教学预设，幽默的教学语言，跌宕的教学环节，灵动的教学机智……让课堂成为艺术的殿堂，让教师教得有成就感，让学生学得有获得感。

紧扣单元要素　育人润物无声

——统编小学语文四年级下册《囊萤夜读》教学实录

一、第一板块：初读文本引思考

师：今天我们要学习一篇关于古人读书的文言文，选自《晋书·车胤传》里的一个故事，一起读题目。

生：囊萤夜读。

师：跟着老师写课题，这个"囊"字看起来很复杂，但是它很有趣。这一横就像一根绳子，"口"就是口袋，这一竖表示口袋里装有东西。笔画多的字，我们在写的时候每个部分要写得紧凑一点儿。（教师书写课题：囊萤夜读。）

师：拿出课文纸，请大家借助拼音自由地读一读课文和下面的注释，开始吧。

生自由读课文。（课件出示课文和学习贴士：借助拼音自由读课文和注释）

师：谁愿意给同学们读一读课文？（生站起来朗读课文。）

师：第一次读文言文吧？有什么感受呀？

生：感觉第一遍读的时候有点儿读不懂。

师：哦，我跟你有相同的感受，还有谁愿意读一读？来，请个女生读一读。（女生站起来读课文。）

师：我发现他们两位读得有一些不同。这是你们第一次读文言文，你们想怎么读就怎么读。来，你试试。（指一女生读课文。）

师：请坐！我发现有拼音的字同学们可以借助拼音去读。文中有两个多音字是没有拼音的，它们应该怎么读呢？（教师板书："盛"和"数"。）有的同学读的是"胤／恭勤不倦"。有的同学读的是"胤恭／勤不倦"。到底应该怎么读呢？（教师变换语气问学生。）别急，这是一篇文言文，谁有好的方法能把文言文读懂？

生：看注释。

师：你一语道破天机啊！

师：好，那就请你们看注释来读一读第一句。（课件出示：胤恭勤不倦，博学多通。）

二、第二板块：自读知意习方法

生自读课文，教师巡视指导。

师：谁读懂了？

生：我觉得胤恭可能是个人吧，他勤奋，学习不知疲倦，所以他才博学多通。

师：我很好奇，这个人叫什么名字？

生：胤恭。（该生继续回答。）

师（笑）：同意吧？

生：不同意。（其他学生小声回答。）

师：你不同意，你来说说。

生：这个人叫"胤"，下面注释说"恭"是谦逊有礼，他既谦逊有礼，又很勤奋，所以他博学多通。

师："胤"是他的名字，这个人姓什么？

生：这个人姓车，因为注释1说本文选自《晋书·车胤传》。

师：你真是会学习的孩子，我们刚刚说借助注释去读书，他做到了，请坐下。

师：这个人就是车胤，根据《车胤传》里面的记载，胤从小聪明好学。（师板书：胤。）在文里只出现了他的名字，没有出现他的姓。刚才，我们结合注释把文言句子读懂了。那陈老师有疑问了，这个句子不是每个字都有注释的，比如说"倦"（师用红笔圈出"倦"字），怎么理解呢？

生：疲倦。

师：我发现他给"倦"组了一个词——疲倦，这样理解起来就容易了。我们再看看这个句子里面还有哪个字也可以用这种扩词语的方法来理解？你说说？

生：勤。

师：你想到哪个词？

生：勤学。

生：勤奋。

生：勤学好问。

生：勤劳。

师："勤"可以扩这么多词，哪一个词放到这个句子里合适？

生：勤奋。

生：因为他学习刻苦，不知疲倦。所以这里的"勤"应该指"勤奋"。

师：是的，我们扩了很多词，但是我们要选择一个符合这个句子意思的词语来理解。掌握了这种方法，谁来说说这个句子你是怎么理解的？

生：胤谦逊有礼，他总是很勤奋，每天好学不倦，所以他博学多通。

师：理解了之后，你觉得这个句子应该怎么读？请你读一读。

生：胤／恭勤不倦，博学多通。

生：胤／恭勤不倦，博学多通。（生读得有节奏感。）

师：你们看到了一个什么样的胤？

生：恭勤不倦、博学多通的胤。

生：勤学好问的胤。

师：读着第一句，我们看到一个恭勤不倦、博学多通的车胤。拿出你们的笔，我们把这两个词语积累下来。老师写在黑板上，你们就写在课文的空白处，我们来比一比，看谁写得既正确又美观，还要比一比速度。（教师板书：恭勤不倦、博学多通。学生书写。）

师（师巡视指导）：都写好了吗？回顾我们刚刚读的这个句子，你是用什么方法读懂的？

生：我是看注释读懂的。

生：我用的方法是联系上下文。

生：还可以扩词理解。

师：请同学们用刚刚学到的方法自己学习第二句，看看你们能不能读懂。（课件出示第二句：家贫不常得油，夏月则练囊盛数十萤火以照书，以夜以继日焉。）

学生自学，同桌交流，教师巡视指导。（读懂了就和同桌交流交流。）

师：谁愿意把你读懂的内容和大家分享分享？

生：意思就是家里贫穷得不到灯油，然后夏夜用白色薄绢做的口袋装满萤火虫然后照书，整夜一直读书。

师：太神奇了！我想知道你是从哪儿知道他是整夜整夜都在读书的？

生：书上说夜以继日，"继"的意思就是整夜读书。

师：还有谁愿意来交流？

生：胤家里非常贫穷，得不到灯油，他就在夏天的晚上用白色薄绢做成口袋，里面放十几只萤火虫，这样就能在晚上看书了。

生：胤的家里很贫穷，他得不到油灯的油。胤在晚上的时候捉十几只萤火虫装在一个白袋子里，挂在天花板上照书，从夜晚读到天亮。

生：胤家里长时间得不到灯油，夏夜的时候，他拿白色薄绢做的口袋到外面去捉了很多萤火虫装在里面照明，每天这样从晚上读到天明。

师（笑）：你还读到课文之外了。你们理解了之后，谁愿意来读一读这一句？

生：家贫不常得油，夏月则练囊盛数十萤火以照书，以夜继日焉。

师：你们看这个句子，比较长，谁有好办法读好？

生：可以根据意思来停顿。

师：你读读。（生读。）

师：她真会读，有了停顿节奏就明显了。还有谁能像她这样读一读？

（指一学生读：家贫不常得油，夏月／则练囊／盛／数十萤火以照书，以夜继日焉。）

师：还是不敢大胆地读，谁再来读？（又找一女生来读，读得很好。）

师：我发现她朗读的诀窍了，一定要沉稳一点儿，像她这样读。

师（竖起大拇指）：太对了！都读对了。读了这个句子，你又看到了一个什么样的车胤？

生：好学多问，博学多通。尽管他家里很贫穷，他还是努力读书，所以我觉得他肯定博学多通。

师：你讲话有理有据，从第二句里你还看出了一个什么样的车胤？

生：我看到了一个勤奋的车胤。

三、第三板块：细读文本诵经典

师：同学们，第一句里已经写了车胤是一个勤奋的人，第二句为什么还要写他勤奋呢？

生：因为第一句说他勤奋，第二句解释他为什么这么勤奋。

生：第一句说他很勤奋，第二句说他更勤奋。

师：现在，我们就走进车胤囊萤夜读的情景里边去，试想一下，如果你就是车胤，你为什么要夜以继日地囊萤夜读呢？

生：因为胤家里很贫穷，他想要脱贫。（师生出声大笑。）

师（竖起大拇指）：有志气的车胤。我现在来问——车胤啊车胤，你家里穷得连灯油都买不起了你还读什么书啊？假如你是车胤，你会怎么回答我？

生：这是我借的书，我必须要珍惜它，要是被别人要走了，那我再借书就难了。

师：这有可能是车胤借来的书，所以要倍加珍惜，请你带着这种感受读。

师：我再问——车胤啊车胤，你很聪明，你想到囊萤来夜读，可毕竟那光很微弱呀！如果你是车胤，你会怎么说？

生：可以多捉几只啊。（生大笑。）

师：你捉得再多，它也很微弱啊！你怎么说？

生：就算它很微弱，我只要能看见一个字，就可以再往下读。（师生齐笑。）

师：总之，他千方百计地读书。那我再问——车胤啊车胤，你看，你夜以继日地读书多累呀！如果你是车胤，你会怎么说？

生：如果不读书，人生都是没有东西的。

师：人生就没有意义，你想说这句话是吧？带着这种感受读。（生读。）

师：是啊，我们看车胤虽然家贫但志不短。（师板书：贫）在条件非常艰苦的情况下，他也要立志识遍天下字，发奋读尽人间书。（师边讲边画出书的样子）根据《车胤传》里面记载，车胤恭勤不倦，博学多通，官至吏部尚书，为国家做出了贡献。让我们带着这样的感受一起来读全文。（师起头，生齐读。）

师：你们的朗读也仿佛把老师带到了一千六百多年前车胤夜读的那个夜晚，我也想读一读，看老师的朗读能不能把你们也带到那个情境里边去？（师深情朗读课文。）

师：看到车胤在读书了吗？（学生举手。）我们和着古曲，一起来一遍。（生齐读课文。）

四、第四板块：延读拓展重实践

师：琅琅的书声，说明你们已经把这篇文言文读懂了。回顾一下，你是怎么读懂的？

生：看注释。

生：扩词语。

生：读书百遍，其义自见。

生：还可以用联系上下文的办法。

师：总结一下你们所说的方法，就是学习小古文的秘籍。（课件出示：古文秘籍——反复朗读是关键，课文注释结合看，扩充词语想画面，牢记方法在心间。）谁来读给大家听一听？

师：这不是口号，是不是把这方法记心间了？拿出老师给你们准备的拓展阅读，也是一篇小古文，看你能否用今天学到的方法读懂它。（课件出示：凿壁借光。生自读，师巡视指导。）

师：我们来交流，你读懂了什么？给大家讲讲。

生：匡衡勤学，而他没有油灯，他的邻居有油灯又照不到他的书，匡衡就把他家的墙凿了一个洞，借着邻居家油灯的光读书。

生：匡衡勤学但是没有油灯，邻居有油灯但是照不到他的书，匡衡在邻居家墙上打个洞，借邻居家的光照书读书。

师：你能不能给同学们读一读呢？让我们听着你的朗读就能看到匡衡读书的情景。（指名读，读得很流利。）

师：我不得不给你竖大拇指呀！理解了，就能读得声情并茂，读到情景里面去，像这样关于古人读书的故事还有很多，课后陈老师再给大家推荐两篇小古文。（课件出示：孙康映雪、江泌映月。）愿同学们读万卷经典，做中华好少年！下课。

（备注：此课在全国第三届小学语文青年教师语文教学展示与观摩活动中进行了展示。）

以"批注"为线　品"言语"之味

——统编小学语文四年级上册《牛和鹅》教学实录

一、整体阅读，交流"批注"

师：课前，老师布置让大家预习，圈画生字新词，都做了吗？谁来读读你圈画的词语。

生：无缘无故。

师：不错，还是个四字词语。谁圈得更多？

生：拳头、捶捶牛背。

生：胳膊、酒瓶、恐怖、摇摇摆摆。

师：这是一种很好的习惯，预习时就要圈出这些新词来读一读。还有这一组词语，谁来读读？（出示词语）

生：嘎嘎、啪啪啪、吁哩哩哩、啪嗒啪嗒。

师：这些都是什么词？

生：拟声词。

师：拟声词应该怎么读？

生：读得像声音一样。

师：一起读一遍。在课外你们还积累了哪些拟声词？

生：轰隆隆，这是打雷的声音。

生：叮咚叮咚，这是泉水弹琴的声音。

生：哗啦啦，哗啦啦，这是雨姐姐唱歌的声音。

生：汪汪，这是小狗的叫声。

生：滴答滴答，是雨滴的声音。

师：真不错，只要我们善于观察，就能积累很多这样的词语。用上这些词语，我们的表达就生动了。

师：课文大家已经读了很多遍了，我来考考大家。文中除了写牛和鹅，还写了谁？

生：作者和金奎叔。

师：在金奎叔没有出现前，我对牛的态度——不怕，但害怕鹅。金奎叔出现后，我对牛的态度是不欺负它了，对鹅也不怕了。是金奎叔改变了我对牛和鹅的态度。

二、对照阅读，学习"批注"

师：同学们，在金奎叔没有出现前，我为什么不怕牛，但害怕鹅呢？

生：因为鹅把我们看得比它小。

师：你从哪知道的？

生：第一自然段。（出示：大家都说，牛的眼睛看人，觉得人比牛大，所以牛是怕人的；鹅的眼睛看人，觉得人比鹅小，所以鹅不怕人。）

师：你读到这儿是怎么想的？

生：鹅把我们看得比它小，我们为什么就怕它呢？

师：好一个为什么！说明你在思考。有一个小伙伴在读这一段时，写了这样一段话（出示），谁来读一读？

生：事情真是这样吗？

师：这是什么？（批注）阅读时，把自己的问题写在旁边，也叫"旁批"。像这样的批注文中还有四处，请同学们自己读一读。（出示）

生（生读）：逃跑—被鹅咬住—呼救，那种惊慌失措写得很真实。

师：这是从哪个角度来批注的呢？

生：从写得真实可以看出是从写法的角度批注的。

生（生读）：鹅之前多神气，现在多狼狈啊！这里在前后对比，也是从写法的角度批注。

生（生读）：挂着泪笑，事情的变化对我来说太突然了。这里批注的是作者的心情。

生（生读）：看来鹅并不可怕！只要不怕它，鹅就不敢欺负人了。这里批注的是读完全文的启示。

师：批注的角度很多，我们可以批注自己的疑问、文章的写法、阅读的启示等。

三、体悟阅读，尝试"批注"

师：一千个读者就有一千个哈姆雷特。相信同学们在阅读时还会有更精彩的批注。文中说我们都相信大家所说的话，一点儿都不害怕牛。请同学们读第三自然段，一边读一边画出体现我们不怕牛的句子。（学生阅读，画句子。）

师：我们来交流，谁来读读你画的句子？

生：所以我们看到牛，一点儿不害怕，敢用手拍它的背，摸它的肚子，甚至敢用树枝去触它的屁股呢！

师：我觉得阅读还可以再细致一些，从哪些词更能体现我们不怕牛？（学生圈词语。）

生：拍它的背、摸它的肚子、触它的屁股、扳牛角、骑牛背、捶捶牛背。

师：读到这里你有什么感受？

生：这些孩子很调皮。

生：他们欺负牛。

师：我们这样对待牛，它的表现怎样？

生：可是牛像是无所谓似的，只是眨眨眼，把尾巴甩几甩。

师：读到这儿，你觉得这牛怎么样？

生：温顺。

师：在你眼里，这牛就像小孩儿。每个人的阅读感受都应该不一样。

生：牛的性格很和善。

师：嗯，牛就像人一样。

生：牛很宽容，不会计较他们这样对待它。（掌声）

师：你是牛的知己啊！（笑声）

师：同学们，我们从孩子的角度，从牛的角度读出了不同的感受。来，不要让我们的感受溜走，请你选择一个角度用简洁的语言记录在旁边。（学生写感受。）

师：你写的是什么？

生：牛真好，不会斤斤计较。

生：牛和善，宽容；孩子们调皮，总是欺负牛。

生：牛老实。

师：我们刚刚画句子、圈词语、写感受，这就是批注阅读。这种阅读方法真的很美妙。请同学们用这样的方法阅读5至7自然段，画出我们怕鹅的句子，圈圈词语，写写感受。（学生阅读，批注。）

师：现在我们来交流，顺序是——读出画的句子，说出圈画的词语，再交流批注了什么。

生：我画的句子是——我们马上都不说话了，贴着墙壁，悄悄地走过去。我圈画的词语是——贴着、墙壁、悄悄地、走过。批注是——孩子们胆小，不敢惹鹅。（掌声）

师：我们一起看这个句子。（出示）怎么读好这个句子呢？

生：我们马上都不说话了，贴着墙壁，悄悄地走过去。

师：声音还有点儿大，鹅都发现你了。（笑声）一个"贴"，一个"悄悄"，你感受到了什么？

生：害怕，担心鹅把我们拖到水里。

师：这个句子用了几个具体的动词，就让我们体会到了我们见到鹅那种恐惧、害怕的心情，这是一种高明的描写方法。你能不能也试着用几个具体的动词说一说你生活中的某种心情呢？

出示：她立刻（　　）脚，手（　　）对方，大声（　　）："我永远不会原谅你！"（表现生气）

生：她立刻（跺）脚，手（指着）对方，大声（喊道）："我永远不会原谅你！"

出示：我兴奋地（　　），从妈妈的手里（　　）游泳圈，欢呼着（　　）大海的怀抱。（表现兴奋）

生：我兴奋地（跳起来），从妈妈的手里（拿走）游泳圈，欢呼着（冲进）大海的怀抱。

出示：考试时间马上就要到了，他还是答不出这道题，_____。（形容着急）

生：考试时间马上就要到了，他还是答不出这道题，他拍着头，直跺脚，就像热锅上的蚂蚁。

师：通过人物的动作可以体会人物的心情，要表现人物的心情，我们可以用上相应的动作。

师：因为心里害怕鹅，鹅追过来时——

出示：孩子们惊呼起来，急急逃跑，鹅追得更快了。我吓得脚也软了，更跑不快……在忙乱中，我的书包掉了，鞋子也弄脱了。我想，它一定要把我咬死了。我就又哭又叫，可是叫些什么，当时自己也不知道，大概是这样叫吧："鹅要吃我了！鹅要咬死我了！"

师：被一只鹅欺负成这样，读到这儿，你想用哪个词语来形容作者的处境和心情？

生：狼狈不堪。

生：可怜兮兮、心惊肉跳。

生：魂飞魄散、胆战心惊。

生：心惊胆寒、胆小如鼠。

师：你想到哪个词，就把它写在这个段落的旁边。（学生批注。）

师：同学们，我们再换个角度，请大家看到这些描写鹅的句子，你准备在括号里填上哪个词？（学生阅读。）

出示：鹅听见了，就竖起头来，侧着眼睛看了看，竟爬到岸上，一摇一摆地、神气地朝我们走过来；还伸长脖子，嘎嘎地叫着，扑打着大翅膀，好像在它们眼里根本没有我们这些人似的。这时，带头的那只老公鹅就啪嗒啪嗒地跑了过来。嘎嘎，它赶上了我。嘎嘎，它张开嘴，一口就咬住了我当胸的衣襟，拉住我不放。它用全身的力量来拖我，啄我，扇动翅膀来扑打我。

这真是一只 _____ 鹅。

师：你觉得这是一只怎样的鹅？

生：这是一只胆大妄为的鹅。

生：这是一只气焰嚣张的鹅。

生：这是一只趾高气扬的鹅。

生：这是一只放肆的鹅。

生：这是一只无法无天的鹅。

师：真好，请你们把想到的词写在这些句子的旁边。

四、推荐阅读，运用"批注"

师：我们越恐惧，这鹅越厉害；我们越害怕，这鹅越胆大，越目中无人。金奎叔的出现，让故事情节发生了重大改变，他是怎么对待鹅的？作者从中又得到了怎样的启示？下节课请同学们用这节课学到阅读方法多角度阅读。课后，推荐同学们读读李汉荣的《牛的写意》。

换种方式教古诗，挺好玩

——统编小学语文四年级下册《芙蓉楼送辛渐》教学实录

一、盯住"送"字归类别

师：同学们，读了课题你们发现了什么？

生：发现了这首写的是王昌龄送好朋友辛渐。

生：在芙蓉楼送辛渐。

师：芙蓉楼在哪里？我还没去过呢？

生：注释里有，在江苏镇江北。

师：你们真会读书，注释的字号虽小，但是作用不小。再看课题，你们还发现了什么？

生：从"送"字知道了这是一首送别诗。

师：回忆一下，你们都积累了哪些送别诗？谁来背上几句？

生：桃花潭水深千尺，不及汪伦送我情。

生：劝君更尽一杯酒，西出阳关无故人。

师：中国自古以来是礼仪之邦，古人放歌送别，饮酒送别，赠诗送别，今人送特产送别。（学生笑。）

二、抓住"孤"字改诗句

师：怎么读诗，已经不用教你们了，自己练习，读准字音，读出节奏，读出韵味。

（学生自由练习、展示，不必要求统一的节奏，鼓励学生用多种读法读。）

师：读了前两句，哪些字词让你们看到了送别时的情景？

生："寒雨"，我看到那是一个雨天。

生："平明"，让我想到了天刚蒙蒙亮的样子。

生："江"，让我看到了他们在江边。

生："楚山"，让我看到周围是连绵起伏的群山。

师：是的，这些字词把我带到了那个离别的清晨。此时此刻，你觉得哪个字最能体现诗人的心情？

生（都举手）：孤。

师：我不同意，这里明明是说"楚山孤"，怎么能表示作者的心情呢？

生：因为诗人要和好朋友分别了，好朋友走了，他感到孤独。

师：是吗？那为什么诗人不写自己孤，而写楚山孤呢？

生（抢着举手）：因为他的内心孤独，看一切都觉得是孤独的。（掌声）

师：楚山本身是不会孤独的，是作者把孤独的情感转移到了楚山上，山便孤独了。如果作者看到的是其他的景物，这句诗还可以怎么写？

出示：平明送客 ＿＿＿ 孤。

生：平明送客江水孤。

生：平明送客花草孤。

生：平明送客茅屋孤。

生：平明送客晨露孤。

师：可以称你们为"小诗人"了，你们发现了诗的奥秘，那就是融情于景。因为作者内心孤寂，周围的一切都融入了他的情感。所以，写景与抒情就像兄弟俩，永远都不能分家。（学生笑。）

三、拽住"问"字演话别

师：读"洛阳亲友如相问，一片冰心在玉壶"诗中这个"问"字特别有画面感，是谁问谁？

生：洛阳亲友问辛渐。

师：还可能是谁问谁？

生：诗人问辛渐。

师：谁能来演一演当时的离别情形？

(生1演王昌龄，生2演辛渐，生3演洛阳亲友代表)

第一幕

生1：辛渐兄弟啊，我有一个小愿望。

生2：昌龄兄，我们之间还客气啥，请讲！

生1：你回去以后，洛阳的亲戚朋友若是问我的情况，你就告诉他们，我的心就像玉壶里的冰一样纯洁。

生2：放心，我一定把你的话带到。

第二幕

生3：辛渐，你怎么一个人回来了，昌龄怎么没有跟你一起回来？

生2：他公务缠身，实在走不开。

生3：他现在还好吧？

生2：好着呢，他让我转告你们"他一片冰心在玉壶"。

生3：什么意思啊？我文化浅，你倒是说明白点儿啊！

生2：他的意思是，虽然远在他乡这么多年，但是他的心没有变，人也没有变，让你们放心。

生3：嗯，你这样说我就明白了。

(全班掌声！)

师：同学们，这样一段情景再现既生动，又传神，在谈笑间走进了王昌龄的内心。请你们带着自己的理解再读"洛阳亲友如相问，一片冰心在玉壶"。

四、留住"冰"字言心志

师：同学们，诗读到这儿，我有个问题想不明白，既然王昌龄知道他的亲友惦念着他，他为什么不让辛渐给自己的亲友带点儿江南特产回去？（生笑，争着举手。）

生：那时候交通不便利，辛渐拿有行李。

师：你的意思是特产准备了，辛渐带不上。（生笑。）

生：我有不同意见，诗人知道亲友不缺这些特产。他们最想知道王昌龄在异地他乡心变了没有。

师：为什么亲友最想知道他的心变了没有？

生：因为"社会很单纯，复杂的是人"。（流行歌词，学生笑。）

生：因为很多人当了官之后，就变坏了。

生：当时的坏人多，亲友们担心他被别人陷害。

师：果然，亲友们和王昌龄心心相印，王昌龄也认为亲友最关心的是他的心是否变了，所以不捎礼物，不带特产。

师：只要心不变，他永远都是原来的他。你们认为王昌龄的心是什么样的？

生：冰心。

师：太阳一晒，温度一高，他的心就化了？

生（刚才的那位学生马上解释）：不是这个意思，他的心像冰一样晶莹、纯洁。

生：我认为他的心是一颗正直的心。

生：我认为他的心是一颗光明磊落的心。

生：我认为他的心是一颗刚正不阿的心。

师：同学们，在当时的社会环境中，要保持一颗冰心不改实属不易，近墨者不黑那需要毅力。王昌龄说他的冰心是放在哪里的？

生：玉壶之中。

师：他说，我的心就像一颗晶莹剔透的冰贮藏在玉壶里一样。玉壶可以让冰心不化，王昌龄怎么做才能保持自己的心冰清玉洁呢？

生：他要像荷花那样"出淤泥而不染"。

生：要相信好人必有好报。

生：不忘初心，牢记使命。(掌声)

师：是的，不管走到哪里，不管在什么环境中，不管发生了什么变革，我们都要保持初心，不忘初衷。不仅自己安心，还要让亲友安心。

师：再读这首诗，谢谢王昌龄，谢谢辛渐，给我们留下了千年不朽的伟大诗篇。背诵一首诗，记住一个人，守住一颗心。(学生背诵古诗。)

循序渐进设情境　多元互动练表达

——人教版小学语文三年级上册《夸夸我的同学》教学实录

师：同学们，陈老师陪伴大家已经走过了两年两个月，这段时间，我见证了你们从矮个儿到高个儿，见证了你们从不认识字到现在能认、能写很多字，我的感受就是大家的变化和进步太大了。

师（出示图片）：一年级的时候，你们的笑脸多么可爱，多么稚嫩。

师（出示图片）：在陈老师的课堂上，你们表现得是那么积极，那么活跃，还记得这张照片吗？

生：记得。

师（出示图片）：再看，今年都上三年级了，升旗仪式的时候，面对着国旗，大家行着队礼，那么整齐，那么标准。

师（出示图片）：我们学校学生特别多，上下楼梯的时候，大家排着队，那么有序。

师：课堂上，大家朗朗的读书声，非常动听。学校要举行广播体操比赛了，大家练习得多么认真，多么专注，动作是那么标准。（出示相应图片）

师：陈老师这一番话是在干吗？

生：陈老师在夸奖我们。

师：噢，听了陈老师的夸奖，你们有什么感受？

生：听了陈老师的夸奖，我们以后会继续努力。

师：真是有志向的孩子。谁还想说？

生：听了陈老师的夸奖，我们以后会做得更好。

师：我夸奖了大家，谁能来夸夸陈老师呢？

生：陈老师教给了我们很多知识，我觉得值得我们夸奖。

师：嗯，我就站在你的面前，你应该怎么对我说？谁来给她出出主意？

生：谢谢您陈老师，您让我从一年级的一个"菜鸟"变成了三年级的一个"学霸"。（笑声）

师：他的回答和刚才那位同学的回答最大的区别是什么？对，他用了第二人称——您，当你面对面夸奖人的时候就应该用第二人称。

师：还有没有同学愿意来夸夸陈老师？

生：陈老师，谢谢您教会我写字，教会我读书。

师：嗯，你马上就学会了，用了第二人称。还有吗？

生：陈老师，我原来写字歪歪扭扭、东倒西歪，现在写字工工整整，我要感谢您。

师：这也和你的刻苦练习分不开。还有吗？

生：谢谢您陈老师，我原来上课不敢发言，现在好多了，上课积极动脑，谢谢您！

师：谢谢你们的夸奖。有了你们的夸奖，我会更加自信地把课上好。刚才我夸奖了你们，你们也夸奖了我，我们这一番对话叫什么？

生：口语交际。

师：跟着我写这几个字。

师：刚才，我们互相夸奖了对方，我们每个人身上都有值得别人夸奖的地方。法国画家罗丹说过："美是到处都有的，对于我们的眼睛，不是缺少美，而是缺少发现。世界上从不缺少美，而是缺少发现美的眼睛。"一起读读这句话，有什么感受？

生：美无处不在，我们要善于发现。

师：今天我们就来学习《夸夸我的同学》，谁来读读这一段提示？（一生读提示）我观察到同学们都注意听了，从这一段提示中你知道了什么？

生：我知道了要夸夸同学的长处。

师：哪些算是同学的长处呢？请你谈谈。

生：手工做得精致，乐于助人。

生：热爱运动，爱读书。

生：能写一手好字。

生：钢琴谈得特别好。

生：上课爱动脑筋。

生：歌唱得好听。

师：这些都是同学们的长处，这段话中给我们列举的都是同学们的长处。我们现在就来夸夸同学们的长处，好吗？

生：好！

师：我们来玩一个游戏，谁来读读提示？

课件出示：用一句话来夸夸你想要夸奖的同学，第一位被夸的同学要接着夸奖另外一名同学。

师：陈老师也想参加，我要夸奖的是丁思涵同学，她是我们班的小作家。

生：我要夸奖的是方天好，因为她学习主动，学习认真。

生：我要夸的是宋奕锐，因为他学习很好，字也写得很好，是一位伟大的文学家。

师：呵呵，你希望他将来能成为伟大的文学家。

生：我要夸奖的同学是陈雨涵，因为陈雨涵写的字笔画有起有收，工工整整，我学着他的样子练习，现在我的钢笔字也渐渐写好了。

生：我要夸奖的是毛锦泽，因为他乐于助人。

生：我要夸奖的是王子恒，因为他跑步非常快，可以当我的师父。

生：我要夸奖的是沈剑树，他发言非常积极，是我的好榜样。

生：我要夸奖的是王祖栋，因为他学习认真。

生：我要夸奖的是赵博瑞，他上课听讲特别专心。

生：我要夸奖的是程安然，她的钢琴都过了三级了，我要向她学习。

师：同学们，听了大家的夸奖，我听出了我们班同学的优点特别多。就在前两天，我们班就发生了这样一件事，这件事已经过去了，但是有几位同学记录了下来，今天老师要把这件事重现。有请几位同学。

情景再现：一位同学在教室呕吐了，小许同学不怕脏，主动清扫了教室。小李同学把呕吐的同学扶去了医务室。

师：看看谁观察得仔细，说说我们班发生了一件什么事。

生：我们班的毛锦泽吐了，李艺璇把他扶到了医务室，许云淇主动把呕吐物清理干净了。

师：你观察得很仔细，表达得很完整。在这件事中，你要夸奖的是谁？

生：我要夸奖的是李艺璇，因为毛锦泽吐了，她主动把他送到了医务室。

师：谁能完整地叙述这件事并来夸奖她？

生：有一天，毛锦泽吐了。李艺璇看到了，她快步跑过去，询问了情况，主动把他送到了医务室。

师：刚刚我们用一句话来夸奖时总觉得说服力不够，如果用一件事来夸奖就更有力度。看来，我们还得用具体的事例来夸奖同学的长处。

师：我想到我们学过的一篇课文，还记得吗？（课件出示）谁来说说狐狸是怎么夸乌鸦的？

生：乌鸦妹妹，你唱歌真好听。

师：结果怎么样？

生：结果，乌鸦嘴里的肉掉了下来被狐狸叼走了。

师：我们夸奖同学和狐狸夸奖乌鸦一样吗？

生：不一样，狐狸不是真心地夸，我们是真心地夸。

师：看来，我们夸奖同学还得有真心，不能说奉承的话。在我们班有很多同学都值得我们真心地来夸夸。

师：这是陈老师收集到的几张照片，这一位同学是徐恒哲，他把给父亲洗脚当作最幸福的事。再看看这位小伙子，还没有弓箭高，但由于他刻苦练习，那么小就学会了射箭。再看看，邹家华外婆家的稻子成熟了，他就拿起工具帮外婆收稻谷。2015年的春节，陈宇涵家里不用买春联了，为什么呢？因为他自己写了一副春联，多了不起啊！再看小小画家侯雨吁，面对周围嘈杂的环境，依然专注地作画。看看李然然，回到家就是妈妈的好帮手。再看看我们班的钢琴小王子,他参加了全国的钢琴比赛。这一张照片令我非常感动,王一楠同学把自己的爱心送到了大山深处。这是我们班多才多艺的班长,再看,他把玩的时间都用在了写字上了。最后看看,这是我们班能说会道的小记者,还参加了安康市小记者大赛呢!

师:同学们,我们班值得夸奖的同学多吗?

生:多。

师:请同学们在小组内夸一夸你想要夸奖的同学。一位同学说,其他同学点评,依次轮换,待会儿推荐代表在全班交流。

师:哪位同学愿意上台来夸一夸你在小组内夸奖的同学?

生:我夸的是王祖栋,因为他上课发言积极,爱动脑筋,他是我的好榜样。

师:谁来评一评?

生:她夸到了王祖栋的优点。

生:虽然她夸了王祖栋的长处,但是没有讲出具体的事例。

师:噢,就是啊!哪节课他积极发言,动脑筋解决了什么问题呀?如果说具体会更好!还有谁来夸一夸?

生:我要夸奖的是陈宇涵。有一次,陈老师有事,陈宇涵就来当小老师给我们上写字课,他写的字一笔一画工工整整、有起有收,同学们按照他的提示,把那一课的字写得都很漂亮。他真是一位小陈老师啊!

师:谁来评一评?

生:他讲的是真实的事情。

生:他讲出了具体的事例。

师:现在我要提高难度了,你不用说出他或她的名字,用他或她代替,看看同学们能不能猜出你们夸的是谁。

生:我要夸的是他。有一天放学,爷爷没有来接我,他就走过来问我:"怎么没有人来接啊?"我说:"爷爷可能生病了,没有来接我。"于是,他就跟我一道回家。

师:谁来猜猜他夸的是谁啊?

生:胡茗严。

师：看来，胡同学是一位乐于助人的好同学。胡同学，听了别人的夸奖你有什么感受？

生：谢谢你的夸奖，我以后会更乐意帮助同学们。

师：还有谁想来试试？

生：我要夸奖的是他。有一次，我在书法班练习写钢笔字，我看见他写的钢笔字很规范，就问他："你的字为什么写得这么好啊？"他回答说："我已经练习了15期了。"他的追求是没有最好，只有更好！

师：他夸的是谁？

生：沈剑树。

师：每位同学都有优点，这节课我看到大家夸奖的总是那几位同学，好多同学都没有受到大家的夸奖，其中就有钟信华同学。钟信华同学说话比其他同学都要迟，上中班才开始说话，导致他现在说话有些字音还发得不够准。你们谁能来夸夸他呢？

生：钟信华同学，虽然你的发音不够准确，但是上课时你总是在认真听课，我要向你学习。

师：钟同学，他夸奖了你，你想说什么？

生：我想说，谢谢你的夸奖。

师：还有吗？

生：钟信华同学，虽然你的发音不准确，可你最近一直都在积极举手发言。虽然老师叫你起来回答问题你发音不准，但是你的回答都是正确的。

师：钟同学，你想说什么？

生：我想说，谢谢你，我会做得更好！

师：还有吗？最后一位。

生：钟信华同学，虽然你的发音不准，但上课发言时，你都是尽力让自己发出准确的音来，这一点是值得我们学习的。

师：你想说什么？

生：谢谢你的夸奖，我会一直努力的！

师：钟信华同学的语言很简短，一句谢谢中包含了自己的意志。有了大家的夸奖，我想钟信华同学一定会更加自信。那么，我们除了用语言来夸奖，还可以用什么方式来夸奖呢？

生：用掌声。

生：给他一个大拇指。

生：用实际行动帮助他。

师：陈老师送给大家一句诗："天生我材必有用，千金散尽还复来。"

师：我还要送大家一首歌——《我相信》，会唱的同学一起唱。

生：我相信我就是我，我相信明天……大声喊出来"我相信自己"！

习作路上，需要扶孩子一把

——统编小学语文五年级下册《漫画的启示》教学实录

一、欣赏漫画，简谈感受

师：请同学们看老师写两个字。（板书：漫画。）一边看一边想，你脑海中出现了什么？是不是浮现了以前看过的许许多多的漫画呢？浮现了的同学对我点点头。（生都点头。）看来你们都喜欢漫画，这节课，老师给你们也带来了几幅漫画。（出示漫画。）

师："公牛挤奶"能挤出奶吗？（生摇头。）"再画留座"，一个人占了十个座位。"学习成就梦想"，这梦想变成了两行泪花。人常说："书到用时方恨少。"这幅漫画却是"书到找时方恨多"。

师：看了这四幅漫画，你有什么感受？
生：看了这几幅漫画，我会心一笑。
生：看起来很好笑。
师：是的，我国现代著名漫画家华君武说，漫画是最上乘的幽默。的确是这样，今天我们来学习写写漫画的启示。

二、观察漫画，细写内容

师：怎么写呢？习作提示已经告诉我们，先写清楚漫画的内容，再写出自己的思考。写清楚漫画的内容需要观察。一二年级我们学过看图写话，三四年级我们学过细心观察，这节课我们以《假文盲》这幅漫画为例，关注细节，写出漫画画的是什么内容，可笑之处在哪里。你可以参考这样的开头写，鼓励有自己的创造。

（1）轻轻地翻开语文书，我看到了这样一幅漫画……

（2）我看到了一幅漫画，令我大吃一惊……

（3）著名漫画家华君武画过这样一幅漫画……

师：请同学们分成两段来写，一段写漫画的内容，一段写漫画的可笑之处。（学生习作5分钟，师巡视指导，标注五角星。）

师：时间到，没有写完的同学也先停下笔。我们先来听听这几位同学的习作。（请习作标注五角星的同学上台。）

生：我看到了一幅有趣的漫画，一位抱着孩子的母亲不解地看着那些人。（师随机评："不解"一词用得好。）可笑的是那些人明明知道这是"母子上车处"，可还站在那里。

师：他写得很短，写了两层意思。一层写的是漫画的内容，一层写的是漫画的可笑之处。但是，细节之处还不够细。

生：轻轻地翻开语文书，我看到了这样一幅漫画。漫画中，寒风凛冽，天气冷得让人窒息。这里看起来是一个车站，在一块"母子上车处"的牌子旁，有四位男士正在排队上车，这四位男士看起来人模人样，厚厚的大衣，锃亮的皮鞋，穿着打扮显得很有素质。他们目不斜视，一本正经地排队准备上车。然而，一位穿着单薄，还抱着小孩儿的母亲却站在了"母子上车处"之外。

我看了后，觉得又可笑，又可气。那么几个大字他们没有看见吗？他们不认识字吗？你看，他们装得多像，眼神都不敢正视那块牌子和那位抱着孩子的母亲。作者用"假文盲"形容，的确十分形象。

师：细节写好了，画面就有生命了。漫画的内容都大致相同，下面的同学只读漫画的可笑之处。

生：看了这幅漫画，我不禁笑了笑，心中若有所思，这些人也不像没文化的人呀。

生：可笑的是在这"母子上车"的通道上，居然站着几个"假文盲"，硬是把这对母子挤到了外面。这些人看起来都有文化，可是他们为了自己的利益，却做出了可笑的事。

生：看到这儿，我的心里泛起了层层波澜。

生：开始，我会心一笑，到后来，我觉得这几位"假文盲"太可恶了。

师：听了你们的习作。老师也想发表自己的看法。

同学们，漫画是作者表达思想的一种艺术形式。这幅《假文盲》是华君平1984年所画，反映的是当时社会上的现象。30年多年过去了，现在生活中还有这种现象吗？

生：有。

师：异口同声啊！此刻，你想到了生活中的哪些画面？（生举手。）想，再想！我把大家脑海中呈现的画面呈现到课堂上，请看！（出示图片，教师讲解。）

面对"行人请走斑马线"的闪亮大字，他们却视而不见。

面对"请勿吸烟"的标志牌，他们却无动于衷。

坐在"孕妇专座"的座位上，他们却理直气壮。

面对"严禁占用应急车道"，他们却佯装文盲。

面对"节约用水"的提示，他们却熟视无睹。

面对"青青草地不要踩"，他们却习以为常。

透过同学们的眼睛和神情，我已经看到了你们大脑中翻腾的思考，这些画面也启迪了大家的心智。接下来，我们来写漫画带给我们的启示。

怎么写？要点中告诉我们，首先借助漫画的标题或简单的文字提示，联系生活中的人或事，思考漫画的含义，然后对此发表自己的看法。也给同学们提供了几个开头：

（1）看完这幅漫画时，我再也笑不出来了，因为在我们的生活中就有这样的"假文盲"。

（2）其实，像这样的人不仅出现在漫画书上，在我们的生活中也无处不在。

（3）细细想来，在我们的生活中也有不少这样的"假文盲"。

（4）生活中，这样的"假文盲"还少吗？

请同学们自由选择一种开头继续往下写，也可以不参考这些，有自己的想法更好。分成两段来写，一段写生活中的现象，一段写自己对这些现象的看法，时间5分钟。(学生习作，教师巡视指导，标注五角星。)

师：请习作标注了五角星的同学拿着作文纸上台，依次朗读习作。(学生上台，朗读习作。)

生：看完这幅漫画，我再也笑不出来了，因为在我们生活中也有很多"假文盲"。大家请看，标志牌上明明写着"禁止吸烟"，但还是有人大大方方地吞云吐雾。标志牌上明明写着"爱护花草"，有人却摘花踏草……（师评：现象太多时，无须全部列举，只需一个标点，那就是省略号。）我认为这些人之所以这么做，是因为他们把公众利益抛之脑后，只为自己着想。

生：生活中，这样的"假文盲"一点儿也不少。垃圾桶旁明明写着"垃圾请入桶"，但是总有人不愿多走两步，把垃圾随手一丢，丢到桶外。公园的草坪上竖着"严禁踩踏草坪"的牌子，可还是有人在草坪上踩出一条小路来。水龙头的上方写着"不要让水龙头流泪"，可总有人看不见，让水龙头"泪流"不止……我就想质问这些人，你们真的是文盲吗？（师评：质问得好！）如果人人都这样，我们的世界将会变成什么样啊？社会的发展，国家的进步，需要我们不断提高文明素养。

师：后面的同学请只读看法部分。

生：我摇摇了头，他们已经将道德远远地抛到脑后，这样的现象数不胜数。他们只想着自己，没有想到他人的感受，难道他们就没有一点儿公德心了吗？（师：读出了反问的语气，很好！）

生：这些"假文盲"真的不认识字吗？错！他们只是为了自己的利益，不顾他人的感受，真是外表高贵、内心不堪的人！（师评：一个"错"字，一个感叹号，都是发自肺腑的感受。）

生：这些"假文盲"真令人可气,我希望社会上这种"假文盲"少一点儿,再少一点儿，我们的世界将会更加美好！（师评：当文字中融入了你的情感后,这些文字就有了力量。)

师:同学们,发表自己内心的真实想法,这就是写作。这节课,我们以《假文盲》这幅漫画为例,尝试练写了几个片段,同学们在练习和交流中已经掌握了把一幅漫画变成一篇文字的技巧。大家再给文章加一个引人入胜的题目,就是一篇令人期待的佳作啦!

创编故事，打开童话的大门

——统编小学语文四年级下册《宝葫芦的秘密（节选）》课堂实录

板块一：走进"葫芦"——体会"神奇"

师：同学们，这节课我们来学习第二十六课，一起读课题。

生：《宝葫芦的秘密（节选）》。

师：括号里面有两个字是"节选"，什么意思？

生：就是从长篇文章里选了一段。

师：这是从《宝葫芦的秘密》这本书中节选的内容，这是一本孩子们都喜欢的童话书。

师：你们看（老师指课题），在"葫芦"前面加了一个"宝"字。什么样的葫芦才算是"宝葫芦"？

生：很少见的葫芦。

生：很神奇的葫芦。

生：很珍贵的葫芦。

生：无所不能的葫芦。

师：在这本书中，这个宝葫芦究竟是什么样的呢？老师带来了《宝葫芦的秘密》电影里面的片段。大家看一看，这个宝葫芦给你留下了怎样的印象？（播放电影片段）

生：非常神奇。

师：一个词概括，那就是——神奇。（师板书：神奇。）想要什么就有什么，真是神奇的宝葫芦！

师：在这篇课文里谁最想得到这样一个神奇的宝葫芦？

生：王葆。（师板书：王葆。）

师：你们想要这样的宝葫芦吗？

生：想要。

师：宝葫芦说了，这节课它就来到了我们的课堂上，信不信？

生：信。

生：不信。

师：变，变，变，我来啦！（师从口袋掏出一个小葫芦。）哈哈哈……你们想要这个宝葫芦帮你们实现愿望吗？

生：想。

师：没那么容易，首先得思考一个问题。（出示问题。）

板块二：走近"王葆"——感知"形象"

师：打开课本翻到第二十六课，默读课文，在文中画一画，王葆为什么想得到一个宝葫芦？（生默读，圈画词句。）开始交流。

生：王葆如果有这个宝葫芦的话，他每次遇到麻烦的事、烦恼的事，都可以用宝葫芦来解决。

生：因为在奶奶讲的故事里，张三、李四、王五、赵六，他们都得到了宝葫芦，最后也都过上了好日子，所以王葆想要得到一个宝葫芦。

生：王葆种的向日葵长得又瘦又长，所以王葆想通过宝葫芦种出最好的向日葵。

师：你真会读书，找到了课文里面的句子。王葆想得到宝葫芦是为了把向日葵种得更好。

生："一直到我长大了，有时候还想起它来。我有几次对着一道算术题发愣，不知道要怎么列式子，就由'8'字想到了宝葫芦。"这句话让我知道了王葆想得到这个宝葫芦是想解算术题。

师：遇到难题的时候，王葆就特别想拥有一个宝葫芦。

生："可我总还是要想到它。那一天我和科学小组的同学闹翻了，我又想到了它。"我从这句话体会到了王葆想要宝葫芦帮他。

师：帮他解决朋友之间的矛盾。陈老师有一个问题，你说这个王葆，他怎么不要一个宝西瓜、宝南瓜、宝黄瓜，非要一个宝葫芦呢？

生：因为宝葫芦什么东西都可以变。

师：宝西瓜什么东西也可以变呀！

生：因为他从小就听奶奶讲的是宝葫芦的故事。

师：你的思考角度真的与众不同。奶奶一直给王葆讲的都是宝葫芦的故事，今天讲，明天讲，在他的脑海里面始终萦绕着一个——宝葫芦。

师：说起宝葫芦的故事，我们真的还得从奶奶说起。

出示片段：至于宝葫芦的故事，那我从小就知道了。那是我奶奶讲给我听的。奶奶每逢要求我干什么，就得给我讲个故事。这是我们的规矩。（生读。）

师：这里的规矩是什么？

生：奶奶每逢要求我干什么，就得给我讲个故事。

师："规矩"这个词，我们在什么地方也会用到？

生：在课堂上要讲规矩。

生：在家里也要讲规矩。

师：国有国法，家有家规。

生：在学校里要讲规矩。

师：《小学生日常行为规范》就是我们的规矩。"规矩"这个词是有来历的，你们知道它来自哪里吗？

生：古文。

师（笑）：出自《孟子·离娄上》里面的章句，是这样说的。

出示原文："不以规矩，不能成方圆。"——《孟子·离娄上》（生读。）

师：规和矩是画圆画方的工具，没有规和矩的帮助，我们把圆和方就画不好。在《论语》里面还有这样一句话（出示原文）。孔子说："吾十有五而志于学，三十而立，四十而不惑，五十而知天命，六十而耳顺，七十——"一起读。

生：七十而从心所欲，不逾矩。

师：虽然七十岁了，想干啥就干啥，但是孔子说"不逾矩"，就是不破坏规矩。（指着屏幕）大家看，这两个字同样是"矩"，读音有什么不同？

生：规矩（轻声）。

师：下面的读？

生：矩（三声）。

师：一个读的是轻声，一个读的是上声。在一个词里边读的是轻声，单独成词的时候读的是上声。王葆和奶奶之间的规矩还真新鲜，我还没听说过这样的规矩。接下来的片段特别适合我们分角色来朗读。但是，有一些拦路虎会阻挡我们。比如说这个句子，谁能读？

生："乖小葆，来，奶奶给你洗个脚。"奶奶总是一面撵我，一面招手。

师：拦路虎在哪儿？

生："撵我"的"撵"不好读。

师：有一个生字，这个字读？

生：撵。

师：啥意思？

生：赶。

师：你怎么知道这个"撵"字就是赶的意思？

生：查字典的时候了解的。

师：你的学习习惯非常好，查过字典。

生："撵"字的提手旁就相当于手，上面的"夫"就相当于两个人，下面是一辆车，那两个人赶着车走。

师：你真会识字，你是根据字形来判断它的意思。（出示"撵"字的象形文字。）在古代，这个"撵"字是这样的。两个人用手赶着车，就是撵。

师：除了这个"撵"字我们要读准，要理解好，还有什么拦路虎吗？

不举手就认为没有拦路虎了，那我抽个同学再来读这个句子。

生："乖小葆，来，奶奶给你洗个脚。"奶奶总是一面攥我，一面招手。

师：奶奶年龄大，手脚跟不上了。你认为拦路虎在哪儿？

生：一面招手。

师：意思是读这个句子要一边读一边做——？

生：招手的动作。

师：还要做攥的动作。

生：要注意语气。

师：用什么样的语气？

生：奶奶的语气。

师：你读读看，奶奶的语气应该怎么读？

生："乖小葆，来，奶奶给你洗个脚。"奶奶总是一面攥我，一面招手。

师：你们在家里，奶奶经常跟你们一起聊天吧！用奶奶的语气和语调来读，应该怎么读？

生："乖小葆，来，奶奶给你洗个脚。"奶奶总是一面攥我，一面招手。

师：我看到有的同学笑了，笑的原因是什么？

生：我笑的原因是他读的那一句特别像一个老人在读。

师：哈哈，特别像一位奶奶在讲话。

师：我把下面几段改动了一下，同学们请看。红色的部分是奶奶的话，黄色的部分是小葆的话。白色的部分有的是动作，有的是神态，有的是提示语。现在请同桌之间分角色朗读，一位读奶奶的话，一位读小葆的话。

生两人一组练习分角色朗读。（师提示：动作、表情要做出来。）

一组同桌展示分角色朗读。

师：非常形象。这一演，这一读，王葆这个孩子给你留下了什么印象？

生：调皮。（板书：调皮。）

生：淘气。（板书：淘气。）

生：天真可爱。

生：爱听故事。

师：总让奶奶给他讲故事，真是一个故事迷。（板书：爱听故事。）奶奶给你留下了什么样的印象？

板块三：走近"奶奶"——创编"故事"

生：她要把小葆洗得干干净净的。
师：那是对小葆的疼爱。
生：善于讲故事。
生：故事大王。
师：真好，你给了奶奶一个封号——故事大王。宝葫芦的故事一讲，这调皮、淘气的小葆就听她的话了。文中写了奶奶讲了哪些故事？
生：四个。（生简要复述文中的四个故事。）
师：奶奶讲了张三、李四、王五、赵六是怎样得到宝葫芦的，得到宝葫芦他们都做了些什么，最后他们都过上了好日子。刚才你们说奶奶是故事大王，你们说故事大王会把故事讲得如此简单吗？
生：不可能。
师：我们来还原故事的原型，好不好？
生：好。（师出示图表。）
师：现在我们来干一件事情，我们从这四个故事当中选一个来进行创编。（板书：创编故事。）大家看，"创"字是什么意思？
生：创作，创造。
师：也就是这个故事里面有的，你们讲出来了，那是应该的；你们在讲故事时，还应该讲这个故事中没有的，那叫"创作"。也就是你们要给这个故事增添一些内容。（板书：增添。）这个"编"字呢？你们编过故事吗？编故事靠的是什么？
生：想象力。（师板书：想象力。）
师：以"张三拿到宝葫芦"这个故事为例，张三劈面撞见了一位神仙，就得到了一个宝葫芦。你们觉得要增添些什么？

生：增添一些环境描写。

生：比如说，张三正在到处闲逛，他遇到了一位神仙。

生：可以增加人物。

生：增加人物的语言、动作、神态。

师：有时候人物不说话，但是他心里在想。

生：可以想象张三正在抓一个小偷，偶然撞见一位神仙。

师：你这一两句话不简单，可是一个情节哦。我们也可以想象一下故事的情节，这个情节一定要——？（指板书：神奇。）现在我们来创编一个神奇的童话故事，好不好？

一个同学创编给另外一个同学听，另外一个同学可以给他提提建议。开始练习。（同桌练习创编故事。）

师：现在我们来讲自己创编的故事。（板书：讲。）讲故事，同学们都是高手。讲的时候想想怎么样才能把观众的注意力吸引过来。

生：有一天，张三放学回到家，他发现面前站了一个人，他抬头一看：咦，这个人是谁呀，我怎么从来没有见过呢？那人说："我是从天上下来的神仙，我是来视察人间的。"张三说："啊？原来是这样。我现在要做饭，你等会儿要不要和我一起吃？"神仙说："不用了，谢谢你，小朋友！你这么善良，我把这个宝葫芦送给你吧！"张三连忙说："太谢谢你啦，谢谢你给我这么珍贵的宝物。"

师：她讲的这个张三，因为善良而得到了宝葫芦。有没有同学给她讲的故事提点儿建议啊？

生：她没有讲张三得到宝葫芦后干了什么。

生：她没有讲张三有没有过上好的生活。

师：嗯，有点儿简单了。还有谁愿意给大家讲故事？

生：一个夏天，张三不听妈妈的话，出去玩儿，结果中暑了。一位神仙从天上下来，看到张三中暑，就把他带到一个山洞里，为他解暑。张三清醒后说："咦，我怎么在这儿？这是哪儿？"神仙说："这是一个山洞，我看你中暑了，就把你带了进来。"张三说："那真是谢谢你呀！"神仙说：

"不用谢，我给你一个宝葫芦吧，以后有什么困难或者有什么难事，你就用宝葫芦帮你解决。"张三说："咦，这么好！"神仙把宝葫芦递给了张三。张三拿了宝葫芦，对宝葫芦说："宝葫芦，宝葫芦，我想要一盘水蜜桃。"宝葫芦变出了一盘水蜜桃。张三说："哇！真是太好了，什么都能变出来吗？""那当然了。"宝葫芦这时候说话了。"宝葫芦还会说话？"张三大吃一惊。后来，张三就拿着宝葫芦，过上了幸福的生活。（掌声）

师：大家都在鼓掌，说明他讲得好，好在哪里？

生：他讲出了故事人物的动作。

生：讲得非常神奇。

师：只有神奇才能吸引人，老师是不是要给他点儿奖励呀？宝葫芦说了，必须给奖励。（师从自己口袋里掏出一个小葫芦塞进学生的口袋里。）

师：谁觉得自己比他还要讲得好？

生：我讲的是赵六的故事。在一个阳光明媚的中午，赵六和他的朋友去开荒种地。赵六说："我要弄一个大型的生态种植园。"他的朋友说："你想啥呢？别异想天开了。"赵六心里想：等我把这件事情做成了，看你还说风凉话不！赵六不说话，一直在那里耕地。

一个夜黑人静的夜晚，不知是谁把农作物全给毁了。第二天，赵六来到田里，也没有抱怨，而是继续耕种。天上的神仙看他决心这么坚定，就打算给他一个宝葫芦。神仙把宝葫芦安置在地下，赵六挖着挖着，就挖到一个葫芦。他一看，葫芦还闪着金光，他赶紧把葫芦揣进口袋里拿回家。他想：这可是好东西呀，不能给别人看见了。晚上，赵六拿着葫芦一直看，半夜也没有睡着。他对着葫芦说："你能不能帮我实现一个愿望？帮我弄一个生态种植园？"说完，他就睡觉了。在梦里，他梦到生态种植园已经出现在他的家门口。然后他被惊醒，起来一看："哇！这葫芦真神奇呀！真是一个宝葫芦！在我家门口弄了这么大一个生态种植园。"他的朋友这次真的被惊到了。从此，赵六靠宝葫芦变出的生态种植园发家致富，过上了好日子！

板块四：走进"书中"——揭开"秘密"

师：这位同学的故事讲得很好！宝葫芦变到他的口袋里了。（师掏出一个小葫芦装进他的口袋。）其实，在《宝葫芦的秘密》这本书里，还有很多特别神奇的故事。（出示书的封面。）你们想知道吗？

生：想。

师：那就好好读这本书。在这本书的导读里面，就有很多有意思的问题。（出示问题。）你们对哪一个最感兴趣？

生：王葆对亲人和朋友说谎了，他心里非常难受。宝葫芦没有给他带来快乐，而是孤独和难受，他会放弃宝葫芦吗？

生：王葆问宝葫芦要了一个三层楼的房子作为学校的教学楼，宝葫芦为什么没有给？

生：宝葫芦把王葆想要的东西全部都弄来了，王葆满意这样的生活吗？

师：像这样的问题，在这本书的导读里面还有很多。像这样的问题，我们只有走进这本书，才能找到答案。其实，这篇课文只是这本书的第一章，我们看到的是这样的王葆。（指板书。）宝葫芦的秘密究竟是什么？在读完整本书之后，王葆这个孩子又会给你留下怎样的印象？课后，就让我们一起走进《宝葫芦的秘密》这本书，去阅读吧！

一本童书，让孩子爱上阅读

——《一只想飞的猫》教学实录

一、童书激趣，打开"童话"之门

师：小朋友们，大家好！

生：老师好！

师：你们的声音真甜，老师告诉你们一个好消息，想知道吗？

生：想。

师：陈老师刚刚从童话王国回来。

（人人感到惊讶万分。）

师：噢，你们为什么感到惊讶？

生：嗯，我想知道陈老师在童话王国发现了什么奇妙的东西。

师：你真会说话！在生活中，你一定善于思考。陈老师舍不得离开童话王国，童话王国里的小伙伴也舍不得我，你们相信吗？

（有的回答"信"，有的回答"不信"。）

师：你们看，我刚走，就有两个"跟屁虫"跟着来了。（课件出示：大个子老鼠，小个子猫。）你们认识它们吗？

生：是大个子老鼠。

师：你们读过这本童话书吗？

生：读过。

师：我也读过，而且非常喜欢这本书。还有一个小家伙，你们认识吗？

（课件出示：小个子猫。）

生：小个子猫。

师：在生活中，你们见到的老鼠和猫是这样的吗？

生：不是，是猫大，老鼠小。

师：在生活中，老鼠和猫给你们留下的印象是——？

生：猫是老鼠的天敌。

师：也就是猫捉老鼠。可是在童话故事里，它们是一对好朋友。你们看！（课件出示图片。）

师：在这一本书里，它们还一起合作做饭，大个子老鼠还邀请小个子猫到家里做客，小个子猫还给大个子老鼠治病。这样的情景只有在哪儿才会发生？

生：童话里。

师：在童话世界里，猫和老鼠可以这样和谐相处。在童话世界里，那些花啊，草啊，都可以说话，都可以有自己的想法。文具盒里面有可能发生争吵，桌、凳仿佛有人一样的情感。这节课我们就来读一读童话故事，一起书写"读读童话故事"这几个字。

师：你们喜欢读童话故事吗？

生：喜欢。

师：你们喜欢读哪些童话？

生：《格林童话》。

师：请把话说完整。

生：我读过《格林童话》。

师：你真了不起，这是三年级小朋友应该读的书，你二年级就开始读了。

生：我读过《安徒生童话》。

师：嗯，这可是世界著名哦。

生：我读过《大个子老鼠小个子猫》。

师：难怪大家刚刚都认识那两个"跟屁虫"。

生：我读过世界著名童话书。

师：世界著名童话书是什么书？

（生害羞，无言。）

师（笑）：吹牛吹大了。刚刚大家说的《安徒生童话》《格林童话》都是世界著名的童话书。陈老师像你们这么大的时候，也特别喜欢读童话，你们猜猜我读过哪些童话？（课件出示图片。）

生：《丑小鸭》。

生：《白雪公主》。

生：《小红帽》。

师：我都没有告诉你们这些童话的名字，你们为什么都猜出来了？

（生看图。）

设计意图：《大个子老鼠小个子猫》这本童话学生特别喜欢，用书中的主角导入课堂，既新鲜又能快速把学生带入童话世界。

二、童书推荐，感受"猜读"之美

师：在童话王国里，到处都是有趣的童话书，让我们坐上开往童话王国的列车，快乐出发吧。你们瞧，我就带来了一本，叫什么？

生：《小狗的小房子》。

师：看着书的封面，除了书名，你们还发现了什么？

生：作者。

师：仔细看看，作者是谁？

生：孙幼军。

师：还能发现什么？

生：封面上有小房子、小草、小猫、小狗。

师：你们最关注的是什么？

生：书名。

生：插图。

师（指着封面）：你们猜猜这本书中都有哪些角色？

生：小狗。

生：小猫。

生：狼。

师：我要表扬你，封面上没有画狼，竟然猜想有狼，有可能。还会有谁？

生：小狗、小狗的主人。

生：小房子。

师：他们之间会发生什么事？猜一猜。

生：我猜想猫和小狗有可能会发生矛盾。

生：我猜想猫可能会帮助狗。

生：小狗可能住在小房子里躲雨。

生：小狗给小房子安了四个轱辘，可以推走。

师：我们看着插图，那些童话故事就仿佛发生在我们眼前了。看插图，我们就可以来猜想故事的内容。童话王国的国王说了，你们这么会猜，再送你们四本童话书，谁来读一读书名？（课件出示。）

生：《孤独的小螃蟹》《小鲤鱼跳龙门》《一只想飞的猫》……

师：为什么跳过去了？

生：不认识字。

师：谁来告诉他？

生：《"歪脑袋"木头桩》

师：大家已经学会了看封面猜故事。现在请大家选择一本自己喜欢的书，猜一猜书中的主人公是谁，他们之间可能会发生什么故事。先猜一猜，同桌之间再说一说。（板书：猜读。）

课件出示：我喜欢 _____ 这本书，书中可能有 _____，我猜想讲的是 _____ 。

生：我喜欢《小鲤鱼跳龙门》，书中可能有龙门、小鲤鱼和它的小伙伴，还有它的奶奶。我猜想讲的是小鲤鱼奶奶说有一个龙门，小鲤鱼和它的伙伴就想去找龙门。

生：我喜欢《一只想飞的猫》，书的主人公是猫，我猜想讲的是一只猫想飞，但是它不会飞。有一次，它爬到一棵树上往下一跳，然后就摔死了。

师：你的猜想真好玩。到底是不是这样呢？只有读了书我们才会知道。还有谁大胆地猜一猜？

生：我喜欢《"歪脑袋"木头桩》，主人公可能是木头桩，我猜想这个故事讲的是几个小朋友把皮筋绑在木头桩上玩跳皮筋，木头桩不喜欢别人用绳子绑在它的身上，所以就歪着脑袋表示不高兴。

生：我喜欢《孤独的小螃蟹》，书中的主人公可能是小螃蟹和它的小伙伴，我猜想讲的是小伙伴走了以后，小螃蟹很难过。

师：到底是不是同学们猜想的这样呢？陈老师都想一读为快了。你们想读吗？

生：想。

设计意图：让看封面的学生猜测主人公和情节，极大地激发了学生的阅读兴趣，无痕地渗透了想象、猜读的策略和方法。

三、童书导读，体验"想象"之乐

师：我们先来读一读《一只想飞的猫》，陈老师来读，请你们认真听，红色的部分我找听得最认真的同学来读。

师：（课件出示）哗啦！一只猫从窗子里面猛地跳出来，把窗台上摆着的一只蓝瓷花盆碰落在台阶上，砸成两半。才浇过水的仙人掌，跟着砸碎的瓷花盆被抛出来，横倒在地上，淌着眼泪，发出一丝微弱的声音："可惜！"

"那算得什么，我是猫！"猫没道歉一声，连头也不回一下，只弓起了背，竖起了尾巴，慢腾腾地跨开大步，若无其事地向前走。

生：昨天夜里，我一伸爪子就逮住了十三个耗子！

师：你们觉得这是一只怎样的猫？

生：骄傲。

生：厉害。

生：霸气。

师：我喜欢"霸气"这个词。

生：我觉得猫很无礼。

师：我们接着读——鸡冠花也被撞伤了腰，气得满脸通红，他愤怒地喊着："这个淘气的小家伙，走路横冲直撞，不守交通规则！"你们猜猜猫怎么说。（课件出示。）

生：那算得了什么，我是猫。

师：嗯，有猫的气势。

生：那算得了什么，我是猫，我一伸爪子就逮住了十三个耗子！

师：猜对了，猫的确是这样说的。我觉得语气还差点儿，谁再来读？

生：我是猫，我一伸爪子就逮住了十三个耗子！

师：这只猫，看见蝴蝶在花丛中飞来飞去，就想把蝴蝶捉住。它不会飞，但是在梦中它飞了起来，把蝴蝶捉了。猜猜它会对蝴蝶怎么说。

生：你再乱动，我就把你吃了。

师：要吃蝴蝶了，在临吃之前猫会怎么说？想想它对鸡冠花说的话。

生：我是猫，我一伸爪子就逮住了十三个耗子！

师：一模一样。你们再想想，如果这猫来到了教室，它对这些小凳子、小桌子会怎么说？

生：我是猫，我一伸爪子就逮住了十三个耗子！

师：它还是这样说，无论见到谁，它就说——

生：我是猫，我一伸爪子就逮住了十三个耗子！

师：读到这儿，你们觉得这是一只怎样的猫？

生：不分天高地厚的猫。

师：改一个字更好。

生：不知天高地厚的猫。

生：这是一只骄傲自大的猫。

生：它爱吹牛皮，又很倔强。

师：嗯，我们接着读。说村子里要大扫除了，猫一听到"大扫除"三个字，它就开始头疼，就在大树下装睡。小鸭子、小公鸡、大鹅都过来了，都想劝劝这只懒惰的猫。请你选择一个角色，如果你是它们其中一个，你准备怎么劝他？

师：你是谁？

生：我是大公鸡。

师：我就是那只装睡的猫。

生：快点儿起来扫地啦。

（师装作没听见。）

生（放大声音）：快点儿起来扫地啦。

师：你是大公鸡，你要发挥自己的优势啊。

生：喔喔喔。（学公鸡打鸣，大笑。）

师：公鸡用打鸣的声音想把猫叫醒，真好玩。

师（指向另一生）：你是谁？

生：我是鸭子，嘎嘎嘎。

师：这嘎嘎嘎的叫声一定有你想表达的意思。

生：懒猫，快起来拖地啦。

生：大扫除了，快起来干活儿啦。

师：村庄是我们的家，大扫除人人都得参加。你会选择什么角色？

生：我会选择大象。你再不起来扫地，我就把你给踩扁。（把大家逗得哈哈大笑。）

师：大象的体格非常大。我想跟这位同学握握手，因为他想到了图片以外的动物，将来说不定就是一位童话作家。当我们把自己放进童话故事里去，充当一个角色时，阅读是不是就更好玩了？（板书：想象。）

师：这只猫最大的愿望是什么？

生：想飞。

师：它看到喜鹊那么自在地飞来飞去，真是百般羡慕。现在请发挥你们的想象力，为了练习飞，它会怎么做？

生：它可以练习跳高，跳着跳着就能飞起来。

生：它爬到大树上，站在枝干上，跳下去，就会飞了。

师：为了学习飞翔，命都不要了。还有不一样的想象吗？

生：它驾着筋斗云飞。

师：嗯，让云朵驮着它飞。

生：它让一只鸟教它飞。

师：好办法，拜师学艺。

生：让主人给它身上装一个飞行器，就可以飞了。

生：让它坐在火箭上，发射火箭，它就能飞了。

师：这是一个有科技含量的童话。

生：猫把鸟的羽毛拔掉，装在自己身上，就可以飞了。

师：有点儿残忍，为了飞也不能不择手段啊。可以这样想，向小鸟借一对翅膀来练习飞。

生：让老鹰驮着它飞。

师：我仿佛看到了那个画面。

生：让大象用鼻子把它抛上天空，这也算飞起来了。

师：猫到底怎么练习的，到底学会飞了吗？我们得去书中找一找，读一读，看看跟我们的想象是否一样。想读这本童话书吗？

生：想。

设计意图：想象是孩子的天性，但是引导孩子想象需要放到具体的情景里，通过《一只想飞的猫》引导学生大胆想象故事的情节，让学生体验到想象的乐趣，进而激发其阅读的欲望。

四、童书分享，渗透"爱书"之为

师：老师今天不仅带来了这本《一只想飞的猫》，还有另外 4 本书，我把这 5 本都送给大家好吗？

生：好！

师：可是只有5本，我们这么多同学，到底应该给谁呢？谁有好办法？

生：可以轮流着读。

生：让老师给我们读，我们听。

生：分小组读。

生：谁表现得好就奖励给谁看。

师：这个办法好，把读书作为一种奖励。当书有限时，我们可以资源共享。好，我就把这几本书送给大家了，但是这几本还有话对大家说呢。

师（师拿着书）：我的名字叫图图，我担心你们会把我弄脏，我可爱干净了。

生：图图，我会保护好你的，给你包上书皮。

师：那太好了。每一页都是我的皮肤，我的皮肤可嫩了，我担心你们会弄伤我的。

生：我会轻轻地翻。

师：你真有爱心，你打算让我住在哪里？

生：书柜。

师：你真善解我意，这下我放心啦！同学们一起读书、爱书吧，让书成为我们的好朋友。

师：老师推荐你们阅读《小鲤鱼跳龙门》《"歪脑袋"木头桩》《孤独的小螃蟹》《小狗的小房子》。

设计意图：二年级的孩子对于爱书、护书的意识不够强，设计送图书环节意在让学生认识到爱护图书的重要性，使其初步养成爱护图书的好习惯。

第四章 乐在读书
Le zai Dushu

优秀的语文教师都有一个共性,那就是爱读书。爱上读书,是一个从苦涩到甜蜜的过程,一旦发现了读书的乐趣,感受到读书的力量时,便一发不可收拾,在书中品尝到的"美味"胜过满汉全席。语文教师,一定要博览群书,让自己成为学生的"一本书",这是其乐无穷的事。

读书的味道

饭菜有味道，瓜果有味道，花草有味道，读书也有味道——这种味道更真切，更悠远，更绵长。

当你遇见一本好书，如痴如醉地阅读时，所有的繁杂往事都成为过眼云烟，那感觉就是心无旁骛，地球似乎都停止了转动，你仿佛成为宇宙的主角。

我们经常用"腹有诗书气自华"来形容读书的人有才华、有气质，更有书卷气。书，天生有味。从一本书的创作者角度来读，你能读出作者构思之精妙，文笔之流畅，标题之新颖，情节之动人……其实，我们更能读出背后的艰辛。每一本书的创作都绝非易事，那是作者多少个闭门不出的日子，多少个强忍寂寞的夜晚，多少次字斟句酌的修改而汇聚成的心血。"批阅十载，增删五次。"这是曹雪芹写《红楼梦》的历程。我们熟悉的语文特级教师余映潮，虽年事已高，但每天坚持读书、著书。特级教师管建刚，坚持每年出一本新书。诸如这些作者，不胜枚举，当我们拿到他们的书时，不只是书香味，还能读出他们的心血、付出、钻研、热爱……

不同的书，能读出不同的味道。读史书方知兴替，穿越千年，与千古风云人物为友，与无数豪杰共语；读经典可阅人生，于《四书五经》里静心，于诸子圣贤旁修行。读小说是上瘾的味道，读散文是浪漫的味道，读诗歌是甜蜜的味道，读专业书籍是拔节的味道。

上师范时，有位同学尤为喜欢读小说，金庸的武侠小说是他的最爱。3年时间，他几乎读完了图书馆里的所有武侠小说。运动场上不见他的身影，谈笑风生时听不见他的声音，吃饭、走路、睡觉他都捧着书，就连上课也想坐在最后一排偷偷地看。小说就有如此大的吸引力，让他沉醉其中。细细观察，他经常读着读着就偷着乐呵，嘴角时常挂着微笑，偶尔还发出"哈哈"的笑音。如此痴迷小说，便是"上瘾"的味道。

相信多数人爱上读书都是从读小说开始的，有情节，步步惊心，环环相扣，不知不觉就深陷其中。

上小学时，因为家里没有书读，我对读书几乎没有什么记忆。上初中时，为了考出好成绩，我拼尽全力，三更灯火五更鸡地刷考卷，没有时间读书。上师范时，担任团干，组织活动，协助老师，没有精力读书。能静下心来读几本好书的时光，得从正式走上讲台算起。

教师是先进和优秀文化的传播者，一名优秀的教师必然热爱读书。走上讲台后，我发现如果不读书，很难上出有滋味的课，时间长了，学生还会厌倦、反感。如果在课堂上讲讲自己读的书，或者把书中的观点、人物、情节，一个新鲜词或一个优美的句子用在自己课堂上，学生立刻就会来了兴致，那精气神就大不一样了。

起初，我读书的目的比较明确，就是为了上出学生喜欢的课。于是，只要学生喜欢的我通通拿来读一读。所以，我提倡小学教师多读儿童文学作品，让自己童心不泯，让自己充满童趣。后来，我发现只读儿童文学类书籍还不够，还需要读专业类书籍，包括教育学、心理学、哲学，还有名师的课堂教学艺术类书籍。读这类书籍可以丰厚我们的理论功底，让教学实践更有方向，让教学设计更有底气。语文教师还应该读读散文和诗歌。如此这般，课堂上的教学语言不仅优美，而且更具诗意。

把一本书读薄是一种能力，把一本书读厚是一种"阅力"。博览群书是多读，手不释卷是爱读，笔耕不辍是会读。会读是读书的最高境界，要能在一本书中读出平常人读不出的味道，寻找到自己所需的营养，感悟到非凡的哲理。在统编小学语文教材中，专列了阅读策略单元，把预测、提问、批注、提高阅读速度、有目的阅读等策略纳入课堂教学，其目的就是教学生会读书。如果教师不会读书，又如何教学生读书？所以，优秀的语文教师要会读书。我喜欢批注式阅读，遇到作者的主要观点会画出来、读出来；遇到好词、名句会勾出来；遇到颇有感触的段落时，还会在空白处留下那一瞬间想到的文字。

著名特级教师周益民就特别会读书，他写了一本书叫《做个书生教师——一个特级教师的成长随笔》，书中记录了他读书的心得和阅历。如果我们都像他一样，定能品尝到读书的味道。

"语用"课堂　妙趣横溢

——读王林波《指向语用　识体而教》有感

新课改以来，小学语文教学进入了一个风起云涌的时代，百花齐放，百家争鸣，各种教学主张层出不穷，各种围绕"语文"的研究更是不胜枚举，以"某某语文"为名的书更是琳琅满目。对于语文教师，想上好一节语文课真的太难了，既要关注课标，又要关注当前盛行的语文教学热点，更苦恼的是要关注听课对象的热衷。语文教师常常在备课时左右为难，参考阅读的资料越多反而拿不出适合自己的教学设计，得不偿失的事屡见不鲜。为此，我们一线的语文教师不断呼吁，我们希望安安静静地教语文，需要清清楚楚地教语文。

语文到底教什么？毫无疑问指向的是语言文字。《义务教育语文课程标准（2011年版）》明确指出：语文课程是一门学习语言文字运用的综合性、实践性课程。因此，指向"语用"应该是语文教学的正道。

随着语文课程改革的深入，追求"语用"课堂已经成为小学语文教师的共识。在语文课堂上"学习语言文字"已经成为闪光点，乃至成为判断是否有语文味道的重要标准。可是如何把"语用"这条线索融进课堂教学，让课堂上的"语用"不要那么直接，不要像分派任务一般，更不要为了"语用"而平白无故地设计教学活动？真正的好课润物无声，真正的教育不是为了教育而教育。

我也是一位热衷于追求"语用"课堂的教师，我喜欢用文字的魅力调动学生学习语文的兴趣，用文字活动让课堂更有语文味儿。如果作为小学语文教师的你也希望自己课堂因"语用"而精彩纷呈，我推荐你们阅读全国小语名师王林波老师的《指向语用 识体而教》。

王林波老师这些年一直专注于研究小学语文的"语用"教学，我读过他的《上好小学语文课——在思考与行动中润泽课堂》和《指向"语用"的阅读教学实践》。书中有王老师自己用实践检验过的"语用"课堂，我经常拿来即用，效果非常显著。

为了追随王老师的脚步，学习他的语文教学思想，我努力向王老师靠近。2018年年底，王老师成为教育部首批领航名师，要建立领航名师工作室。为了吸收更多优秀的青年教师加入，省教育厅专门发了文件，在陕西省内吸收成员。当时我觉得这是一个机会，但找来文件一看就心灰意冷了，因为硬性要求是特级教师或者高级教师，而我仅仅还是名一级教师。安康市教育局负责师资培训工作的领导觉得我可以冲一冲，于是我就抱着试一试的心理递交了报名表。一段时间后，我竟然接到了王林波老师的信息，他说看了我的简介，除了职称不符合，其他方面还可以，就破例选上我了。后来，省教育厅公布了王老师工作室10位成员的名单，10位成员中除了我其他9位都是特级教师或者高级教师，也许这是王老师对我的抬爱和鼓励。于我而言，这成就了我跟着王老师学习的梦想。

2020年年初，由《小学语文教学》杂志社联合济南出版社，推出了一套"小学语文十大青年名师"丛书，其中就有王林波老师的专著。我得知这个消息后，第一时间订购了一套，首先拜读了王老师的《指向语用 识体而教》。这本书凝聚了王老师研究"语用"课堂的精髓，更让我看到了他十几年如一日的专注。这本书对于我们一线语文教师而言就像是一部"语用"教学的宝典。只要翻开这本书，任何关于"语用"的疑惑都会烟消雾散，这也是我最大的阅读感受。当然，其中的收获与感想也必将影响和改变我的语文课堂。

一、"语用"不是摆设

近些年,语文教师都意识到"语用"的重要性,无论什么课文都有一个必不可少的环节"语言运用",但是由于缺乏深入的思考,"语用"环节几乎是摆设,没有真正发挥其作用。正如王老师在书中所讲,那是"表面化"和"模式化"的语用。书中列举的《普罗米修斯》片段,执教老师引导学生在体会了普罗米修斯为了人类忍受痛苦,不怕牺牲之后,让学生写下自己想对普罗米修说点儿什么。学生写出来的千篇一律,大同小异,没有达到训练的目的。对这样的教学我们有一种熟悉的感觉,学习了《去年的树》,我们会问:"你想对小鸟说些什么?"学习了《坐井观天》,我们会问:"你想对青蛙说些什么?"就连我自己也曾这样设计教学。我记得我上《中彩那天》一文,在学习了父亲决定为了坚守诚信而归还汽车后,我让学生写:"此刻,你想对文中的父亲说些什么?"孩子们用了4分钟左右的时间,写出来的句子无非是父亲伟大、讲诚信之类的语言。类似这样的"语用"环节,学生表面上是在进行语言实践,可并不是有效的"语用"。王老师的书中有一句话,我觉得非常有道理,就是:"每一课都可以通用的方法极有可能不是有效的方法。"所以,我们的"语用"设计应该抓住文本特点,从发展学生语言能力的角度思考,避免课堂上的一些"伪语用"。

二、"语用"分体而教

"分体而教"是这本书的核心观点,也是王老师研究"语用"课堂的最新成果。不同的文体我们选择的教法不同,语用的训练点也就不同。在这本书中呈现了古诗词、儿童诗、散文、记叙文等不同文体的教学案例,每一篇案例都有特级教师的点评,所以阅读时不仅让我们知其然,还能知其所以然。我最感兴趣的就是古诗词中怎么设置"语用"环节,因为这是自己的软肋。在古诗词教学时,除了"读"和"悟"以外,实在想不出更好的点子。王老师执教的《渔歌子》堪称古诗词"语用"的典范,他先引导学生发现作者的表达方式,经过一番点拨,学生便发现在《渔歌子》中作者用最典型的事物来代替人这种写作方法。让学生再看插图,除了"蓑衣"和"箬笠"以外,还能看到这个人的什么特点?学生便交流了"白头发""白胡须"等。这时,王老师让学生把"青箬笠、绿蓑衣"用自己观察到的特征来改写。于是就有了"一钓竿,一小舟,斜风细雨不须归""白头发,银胡须,斜风细雨不须归"等。一时间,学生学习兴致高涨,感觉自己成为小诗人,很自豪。在课堂即将结束时,王老师又推荐了张志和的哥哥给他写的一首词。王老师的方法特别高超,不是像大多数老师那样直接出示让学生读,而是以留白的方式出现。他只是介绍了这首词是张志和的哥哥希望张志和能回去。随即出示:

和答弟志和渔父歌
唐　张松龄
乐是风波钓是闲,草堂松径已胜攀;
_____,_____,_____且须还。

王老师出示了这首不完整的词,让学生对照张志和的《渔歌子》,猜猜他哥哥可能会怎么写。一石再激千层浪,学生争相猜测。"狂风起,大浪来,江上危险且须还。""乌云黑,细雨密,狂风大浪且须还。"等到学生充分猜测表达后,他再出示原文:"太湖水,洞庭山,狂风浪起且须还。"这样的设计,真是达到了"一石三鸟"的作用:一是训练了学生填词的方法;二是这样用先猜再出示原文的方式进行拓展阅读,学生的记忆更加深刻,达到了积累的目的;三是让学生感受到了学习语言文字的乐趣,这应该是语文学习的最高境界。

三、"语用"紧倚文本

能入选教材中的选文都是经过特级教师和专家反复审读的，多数出自知名作家笔下，还有很多我们小时候都在学的经典篇目。一篇文质兼美的文章，作者必然在遣词造句、表达手法、情感流露等方面独具匠心。所以，我们的语文课就不能是了解内容、体会情感那么简单了，应该让学生在文本里"多走几个来回"，不仅要关注课文写了什么，更要关注课文为什么这样写。这样才能发现文章的表达特点，从而引导学生学习运用作者的表达方法。现在诸多教师也这么操作，但往往脱离了文本，使语言训练与文本理解背道而驰。有位老师上《翠鸟》一课，在引导学生发现作者描写的方法是"抓特点、有顺序"后，大屏幕立刻给出了一只猫和一只小兔，让同学们用作者的描写方法选一个小动物进行描写。这样的课堂应该很常见，学生是动笔写了，也学以致用了，但是总有一种脱节的感觉，更有一种正当你看到电视剧高潮部分时，突然插播了一段广告的难受。我们的"语用"能否紧密地依靠文本进行呢？王老师的书中个个案例和实录都能回答这个问题。我们都教过《卖火柴的小女孩儿》这篇童话，如何设置"语用"点呢？王老师通过不断追问，力求凸显课文的特点。他在课堂上设置的6处语言实践活动，全部与文本紧密联系。最具特色的是他引导学生运用虚实结合的方法尝试表达。

    小女孩儿很冷，于是作者写到了火炉；她很饿，于是作者写到了烤鹅。她的家是这样的："再说，家里跟街上一样冷。他们头上只有个房顶，虽然最大的裂缝已经用草和破布堵住了，但风还是可以灌进来。"

    如果让你来写，你会让小女孩儿的眼前出现什么？试着写一写，注意一定要让美好的想象与残酷的现实形成鲜明的对比。如果充满童趣，那就更好了。

    她又擦着了一根火柴。——————————————。

这样的设计既训练了学生的想象与表达，又紧密贴近文本，有利于学生掌握童话的习作密码，还在语言训练中无痕地进行了情感熏陶。王老师的实践告诉我们，语言运用必须与课文内容融合，这样才能保持语文课堂的完整。

四、"语用"乐趣无穷

无论现场听王老师上课，还是阅读书中的课例，我都有一种相同的感觉，就是深深地被其语言文字的独有魅力所吸引。我喜欢的语文课堂轻松快乐，充满趣味，我在王老师的课堂上找到了这种感觉。轻松快乐并不是调侃逗乐，而是让语言绽放，散发迷人的芳香，让学生不得不沉迷之中。他的经典课例《丑石》，我多次观看录像，现在又阅读课堂实录，总觉得回味无穷。这节课，按常理说对于城里的孩子有点儿困难，毕竟写的是乡下的事，离学生的生活实际有距离。然而，王老师大胆地引入方言进行教学，点燃了孩子们的学习欲望。特别是引导学生关注每一个字，找到了一个老人专属词"哟"，联系自己家里老人说话的语气，运用方言表达。学生们个个乐开了花，一下子拉近了与文本的距离，让语文课堂不仅充满了语言味儿，还有生活味儿，更有孩子们最喜欢的趣味。在《学写儿童诗》一课中，王老师又提出了鲜明的主题"让表达充满童趣"。他结合儿童的实际，给出了学生熟悉的场景——"爸爸的鼾声""妈妈的快递""妈妈的化妆品"等，因为这些就在学生的生活中，学生自然有表达的欲望。整节课孩子们在欢声笑语中学会了写儿童诗。阅读这些充满乐趣的课例，我们就会发现，要让语文课生动起来，就必须依靠语言实践，灵动的语言运用一定能让语文课堂活起来。

《指向语用 识体而教》这本书就像王老师的一节课，读之如听课，似身临其境，沉醉其中，意味深长。"语用"在不同文体、不同课例中绽放着语文之美，这种美扎实，无痕，智慧，妙趣横溢。

为了挚爱的语文

——读薛法根《做一个大写的教师》有感

在王林波老师的书中，有一篇他读薛法根老师《做一个大写的教师》的读书心得，我被这本书的名字深深吸引，马上联想到经常挂在嘴边的一句话："要做一个大写的人。"如何才能成为一个大写的教师？我特别期待走进薛老师的成长故事。

对于全国著名的特级教师薛法根，我是既熟悉又陌生。熟悉，那是因为在网络上听了不少他的课；陌生，那是因为从未与他谋面。从全国各种小学语文教学活动到各类小学语文报纸杂志，都能寻见薛老师的身影。于我而言，这样的名家遥不可及，只能在心里悄悄膜拜。特别是看到薛老师上课，那样自然、睿智、流畅，感觉神乎其神，觉得他似有超人的能力。直至我读完了《做一个大写的教师》这本书，对于薛老师才有了较全面的了解。这本书更像是薛老师的自传，讲述了自己成长中的所思、所感、所想。从一个普通的师范生到全国著名的特级教师，我们通过荧幕、舞台只能看到他的光鲜亮丽，而通过这本书，我们才能真正看到特级教师原来是这样"炼"出来的。

书中都是薛老师有感而发的随笔，没有高深的理论，也没有过度修饰的华丽文字，篇篇都是那么自然、随心。读着这些文字，丝毫不费解，如小溪缓缓流淌，如春雨飘飘如烟，那感觉就如薛老师所言："我常常在夜深人静的时候，随手敲下些源自内心的文字，很是惬意。"同样如此，每当我捧起这本书来，所有的疲倦消失殆尽，而且越读越有精神，越读越兴奋。

因为我们同是小学语文教师，有诸多相同的教学体会，也有诸多观点不谋而合，而且他的诸多思考和实践都值得我细细品味。

一、说自己的话，做人师的事

读完这本书，我分明看到了一个思想与精神都独立的薛老师。这种独立并非孤立，而是在实践深思之后的独到见解。薛老师给这本书写了一篇自序《说自己的话》，文字浅显，含义却深刻。说话，对于我们教师而言，那是最擅长不过了。可是我们真的会说话吗？也许我们从来都没有认真思考过这个问题。课堂上，我们侃侃而谈，滔滔不绝。我们说过的话不计其数，但是有多少是属于自己的话呢？

"说自己的话，就是不重复别人的话。别人的话也许很有道理，让你受益匪浅，但终究是别人的思想。你说了一万遍，也只是重复了一万遍，不会变成你自己的话。"薛老师的这段话，让我感同身受，也深感惭愧。刚走上教师岗位那几年，课堂上说的话几乎是教参、教材上的话，偶尔也说从别人那儿听来的话，把别人的话从自己的嘴里过一遍，自己就像是个"传声筒"，久而久之，课堂没有了生机，学生厌倦了语文。于是，我下定决心不能照本宣科，慢慢开始说自己的话。尽管一开始说得并不是那么通畅、自然，但是发觉学生却越来越爱听了。在如今这个信息时代，如果我们只是简单地把教参、教材、教辅或者一些名人的话照搬到课堂上来，就是在浪费学生的学习生命。因为这一切，学生都可以自主获得。正如我们常说的"三不教"：学生已懂的不教，学生能自己学懂的不教，教了学生也不懂的暂时不教。要教学生不懂的，教学生未知的，才能让学生产生新鲜感，引起共鸣。这就要求教师必须要有自己深刻而独到的见解，不能人云亦云。

薛老师有一个独特的观点，他说当你觉得别人说的话有新鲜感时，就说明自己落伍了。细细想来，真是这样。我们总是习惯于听别人说话，走别人走过的路，却鲜有自己的思考，更鲜有自己的主见。我们常常上完课都有这样一种感觉，这节课里好像完全没有自己的东西，于是就会得到一个评价:"教学没有自己的特色。"没有自己特色的课堂,生命力自然不会很强,慢慢就会走向"灭亡"。如何才能说自己的话,上自己的课?我想,其一就是多读书,让源源不断的新知在血液里流淌;其二就是多思考,要透过现象看本质。只有思考不断,创新的灵感才会涌现。学习、思考是身为人师的基础,就像薛老师那样,说自己的话,走自己的路,不负学生,不负语文。

二、从哪儿跌倒,就从哪儿爬起

薛老师从教 10 年就评上了特级教师,现在已是全国著名特级教师。他的成长经历告诉我们,没有人能随随便便成功,能成功者一定经历了一番"彻骨寒"。1990 年 11 月,那是他刚踏上讲台不久,要代表学校在苏浙沪两省一市小学教育整体改革研讨会上上一节作文公开课。他上的是《织女塑像》。由于对学情把握不够,课堂上学生启而不发,他越讲越紧张,额头直冒汗,40 分钟的课堂成为他的梦魇。从此之后,他决定从哪儿跌倒就从哪儿爬起来!他买来《贾老师教作文》的录像带,一遍又一遍地观看,所有关于作文教学的困惑、烦忧都在贾老师的课堂上消散了。他一边下狠心努力学习,一边尝试实践,在班级里开展"素描作文""循环日记"教学实践。功夫不负有心人,两年后,1992 年春天,他的作文课"奇妙的魔术"获得了江苏省"教海探航"一等奖,并在颁奖典礼上进行现场示范教学,还引起了不小的轰动。

薛老师的经历告诉我们:失败并不可怕,只要有一颗挑战失败的心,也许失败就是成功的转机。想想我自己的成长,也有不少失败的经历,那种滋味实在难受,但是只要能挺住、坚持,风雨之后必见彩虹。2012 年,我参加陕西省第三届小学语文课堂教学观摩研讨会荣获一等奖,但是我的成绩排在第二名。那次,本来我信心十足要拿第一,代表陕西参加全国第九届小学语文青年教师阅读教学观摩活动现场上课,但因为是第二名就只能报送录像课了。我精心准备了完整的活动作文课《吹气球比赛》,从指导、练写到修改、讲评，足足80分钟。那时，我非常不习惯在录像机下上课，总觉得是表演，课堂呈现程序化、机械化，缺乏自然、灵动。果然，结果只获得了二等奖。我深知像这样的大赛已经与我无缘，比赛后的一段时间一直萎靡不振，是教研室侯老师的话又让我"复活"。他说得了二等奖，说明还有很大的成长空间，要以此为契机，走出失败便是成功。自此之后，我开始沉浸于学习，遇到好书立马下单；遇到好课，就自费观看。在平日的语文课上，我力求把每一节常态课上成公开课，尽管没有人在教室里听讲。无论是教学的闪光点还是不足之处，我都随时记录下来，慢慢也养成了勤于动笔的习惯。终于在2018年，我代表陕西参加了全国第三届小学青年教师语文教学展示与观摩活动。我执教了《囊萤夜读》，深受好评。参赛并不是要证明我自己，而是我需要更开阔的眼界和更广阔的空间来磨炼自己。现在想来，我得感谢那个二等奖，让我没有停下成长的脚步。近几年，虽然从事学校行政工作，但我一直把"上学生喜欢的语文课"作为目标，从未改变。

三、借他山之石，攻教学之玉

人类社会的进步和文明程度的提高基于历史的传承，教学亦是如此。薛老师的成长经历，用他自己的话总结就是三个阶段：模仿—融合—创新。有老师称薛老师是"翻版的贾志敏"，的确有道理。薛老师起初的教学，就是模仿贾志敏老师，他把贾老师的作文课直接搬到了自己的课堂上，一节一节地模仿着上，学着贾老师随机点评，机智评价，一招一式越来越像贾老师上课。模仿名师上课的事，我也干过。我记得我模仿的第一位名师是蒋军晶，是《月光曲》那一课。当时学校让我给国培班学员上《月光曲》这一课，我在网络上搜到了蒋老师的视频，看了视频后，无论如何也跳不出蒋老师上课的思路/模式，于是就不跳了，照搬上课。我一遍又一遍地看，特别是过渡语言、评价语言，我拿来即用。没想到，我通过模仿名师上课，那节《月光曲》赢得了听课教师的广泛好评，但只有我心里清楚，那是偷学来的。

"文章自得方为贵，衣钵相传岂是真？"一直模仿肯定不是长久之计，教学最可贵的还得有自己的创造，而不仅仅是模仿。但是模仿时间长了，就不知不觉地融入了自己的思想和言行，这也就是薛老师讲的"融合"，在不断的融合中逐渐就会走向借鉴与创新，找到属于自己的主心骨。2001年，薛老师的《螳螂捕蝉》一课，通过词串识记、复述表演、情景写话三个清晰的环节呈现，简约大气。教师教得轻松，学生学得扎实。于是，他的"组块教学"应运而生，一时间成为全国小学语文教师模仿的范例。

从模仿到创新，这是一个质变的过程。在这个过程中，薛老师把学习、借鉴做到了极致。他挤时间读书，笔记记满了60多个笔记本，写下了几十万字的文章。我们常说："他山之石可以攻玉。"道理都懂，如果能像薛老师一样去实践，我们的教学也会如玉一般。

四、启言语智慧，走研究之路

"研究"这个词，多数教师觉得离自己太遥远，那都是科学家干的活儿。其实不然。贾志敏老师常讲三句话："我是教师，我是小学教师，我是小学语文教师。"对于我们小学语文教师而言，我们研究的领域是小学，是语文，我们不去探索、研究，就没有清晰的道路。

如今，我们也开始了所谓的研究，课题满天飞，但是没有一个能推广实用的，还要美其名曰做了多少个省市级课题。稍有成就的就著书立说，也是美其名曰"个人专著"，其实除了编辑和自己专心读过，再没有人去细读。还有一些为了凸显个性，在语文前加个形容词，美其名曰"教学主张"。反思这些研究，都是一些功利性的表象。再看看薛老师的研究，那才叫真研究。他提出了"组块教学"后，一直致力于这个课题研究，从未改变。

从2000年到2004年，研究重在"语文教学方法和教学结构"，倡导"简约"，追求"智慧"。从2005年到2009年，这个阶段研究重心逐步转移到教学内容的研制和对教学策略的选择，提出了"组块设计、智慧教学"的理念。从 2010 年开始,他主要从儿童的智慧潜能发展规律出发,探究语文教学内容的生成性和策略的适切性,旨在实现"儿童语文的智慧教学",摆脱了"跟着课文内容跑"的问题,把教学转移到学生语文能力的发展上。经过十几年的持续研究,他的教学逐渐凸显个人特色:语文教学应以发展学生的语言智能为核心——走向生活,走向综合,走向语用,走向智慧,也形成了"幽默、智慧、简约、朴实"的教学风格。教学生涯能有多少个 10 年呢?薛老师用十多年的时间研究"组块教学",这其中付出了多少汗水、多少心血,我们可想而知。如果我们也能扎根于小学语文这片沃土,选择一个领域,用整个教育生涯去研究,用"咬定青山不放松"的态度去研究,用"吾将上下而求索"的精神去研究,也许也能像薛老师一样,收获研究的硕果。

走进《做一个大写的教师》这本书,你就会发现全国著名特级教师,并非天生就是语文教师,也没有三头六臂。之所以那么优秀,那么卓越,是因为他对于语文矢志不渝的爱,是爱的力量成就了自己,也成就了语文。

做生命的事业

——读于漪《点亮生命灯火》有感

夸美纽斯说:"教师是太阳底下最光辉的职业。"曾以为光辉在有份高尚的工作,光辉在社会地位,光辉在桃李芬芳。殊不知,自己的理解还是有所偏颇。读了于漪老师的《点亮生命灯火》后,我对这句话有了更深刻的理解。其一,教师面对着一个个鲜活的生命,教育学生是"以人育人"的过程,不是简单的传道、授业、解惑。其二,教师是职业也是事业。这事业是人类的事业,是党和人民的事业。事业必然高于职业,需要用尽全力,竭尽所能,毕生付出,这伟大的事业才能散发出璀璨的光辉。

我早听说过于漪老师的名字,但是了解得不多,因为她是一名初中语文教师,也教过高中,而自己是一名小学语文教师,所以没有做深入的了解。2019 年,有三位教师被授予"人民教育家"国家荣誉称号,这其中就有于漪老师,她是三位中唯一一位基础教育领域的获奖者。在中国的教育史上,可以被称为"人民教育家"的有很多,但是以国家的名义,颁授教育工作者"人民教育家"国家荣誉称号是第一次。所以,我越发期待走近于漪老师。我在网上搜索到了她的新书《点亮生命灯火》。

这本书特别厚,厚度几乎是一般图书的两倍,但是阅读起来丝毫不费力气。假期里,我就像看电视剧一样,每天捧着书如痴如醉地阅读。之所以被书中的文字吸引,是因为于老师的文字是那么真实,那么亲切,似乎我就在于老师的面前一样,听她娓娓道来。读完这本书,我感觉时间如梭,但是感受却犹如刀刻。

于老师是一位复旦大学毕业的高才生，却在基础教育的战线上坚守了一辈子，把一生都献给了教育，献给了可爱的孩子们。在她的眼里，教师不是她的职业，而是她从一而终的事业。如今已耄耋之年的她，并没有离开教育，还在为祖国的教育事业贡献着自己的力量。于老师谦和地说："与其说我做了一辈子教师，不如说我一辈子学做教师。"读了这本书，走近了于老师，我想说："我愿一辈子跟着于漪老师做教师。"这是我读完这本书最大的感受。

一本书就是一个人，读一本书就如同与一个有思想的人交流。阅读这本书，就好像于老师在手把手地教我如何做一名教师。有时我会提笔记录，有时我会嘴里默念，有时我会联系自己，还有时我会莫名地兴奋，因为感觉自己就像于老师的徒弟一样，竟然有些做法和于老师的做法如出一辙。当放下这本书时，我觉得自己浑身充满了力量，作为一名语文教师的幸福感、自豪感油然而生。有三个问题我和于老师有共鸣。

一、语文究竟教什么？

一辈子从事语文教育的于老师用自己的实践告诉我们：既教文，又教人。应该把思想教育渗透到语文训练之中，让学生的思想水平和理解、运用祖国语言文字的能力获得"双提高"。这个"双提高"，也就是语文教学人文性与工具性的统一。任何一篇文章，必然是作者情动于中而言溢于表的产物。我有一个观点，文字若失去了思想和情感就是一个冷冰冰的符号。但是语文课程还要区别于以思想教育为主的思政课，应该在学习理解、运用语言的同时，把思想教育润物无声地渗透其中，就像特级教师王林波的主张："情感熏陶，无痕彰显智慧。"反思自己以前的语文教学，在进行思想情感教育时总是太露骨、太直接。类似于"读了这篇课文，你有什么感想？""读了这篇课文后，你想做一个什么样的人？"这样的设计，毫无价值，即使有思想教育，学生的记忆也不会深刻。于老师告诉我们，应该因文释道，因道解文，指导学生通过听、说、读、写的训练，理解、揣摩、欣赏、品味，领会文本的精髓，从而让学生受到教育和感染。

二、语文应该怎么教？

兴趣是学生学习最大的推动力。孔子早在《论语》中就告诉我们："知之者不如好之者,好之者不如乐之者。"现在诸多教师还采用传统的讲授式、灌输式教学，多数学生是因为学校、教师、家长被逼无奈而学习语文。这就说明我们语文课没有达到激发学生学习兴趣的目的，别说享受"乐知"，估计连"好知"都难以企及。语文课到底如何上才能激发学生的兴趣？于老师也给出了妙招。第一，语文课要有新鲜感，不能总是一副老面孔。如何才能让课有新鲜感？不是你每一天换一件新衣服，而是教学设计要多变化，不要总是一个模子。我想到曾经给学生上《圆明园的毁灭》那一课，为了给学生带来新鲜感，我没有按照课文的顺序讲，而是先讲毁灭，再讲昔日辉煌。打破课文的顺序讲，就像给天天吃米饭的学生加了一道杂粮一样，他们顿感稀奇，自然喜爱。第二，语文课要有趣味性，让学生深深迷恋。这不是一件容易的事，需要教师和颜悦色，亲近学生，更重要的是使用多种教学方法把学生迷住，比如适当的多媒体、合理的想象、设置悬念、激发情感、师生反串、讨论争辩、激将法、示弱法等。这些方法我多数也使用过，效果真的不一般。比如示弱法，现在的学生学习渠道广泛，知识面也相当广，也许你在台上讲,学生就在下面嘀咕："还讲什么,我早就知道了。"遇到这种情况，我们要善于把学生"举高"。记得我在讲《长征》那首律诗时，要讲关于长征的背景，我就示弱道："长征到底咋回事，谁能给老师讲一讲？"结果，学生争先恐后地举手。抽了一个学生讲完后再送他一句话："孺子可以为师矣！"那学生笑得像吃了蜜一样，下面听讲的同学都向他投去崇拜的目光。这样的课堂你说学生怎能不迷恋呢？第三，语文课要上得有一定的深度和难度，让学生体验到克服困难的喜悦。这一点，我非常认同。记得教育家赞可夫说："要以知识本身吸引学生学习，使学生感到认识新事物的乐趣，体验克服学习困难的喜悦。"如果我们把课上得浮光掠影，就像溜冰一样,从上课到下课滑个来回,没有什么变化,学生同样会感到乏味。我回想了自己为什么上学时喜欢语文,就是因为语文老师总是让我们提问、思考、交流,久而久之,就养成了独立思考的习惯,阅读时见解就深刻了,写作时角度就独特了。把课上得有深度、有难度,并非要过于拔高或是故意刁难,而是要培养学生敢于龙潭取宝的那股劲儿。孙悟空不闯水帘洞,他永远都不知道花果山竟有如此宝地。语文教学也就是这个道理。

第四,语文课要与时代接轨。我认为这里的时代活水就是紧密联系学生的生活,他们是"10后"的学生,教师却用"80后"的眼光去审视教育,这必然是脱节的课堂。在语文教学上我喜欢用与时俱进,甚至要超越时代的视角。

三、语文应该怎么学?

语文单靠教师的教远远不够,再说语文也教不尽,教不透。我们可以看到凡是语文成绩较好的学生,没有几个是教的功劳,多数功劳是学生自己的学。一旦学生入了语文学习的道,真的也不用我们教师来教。这也就是我们老生常谈的话题"教是为了不教",教学的最高境界是不教。学习语文应读万卷书,行万里路,不读书要学好语文那是天方夜谭。但是现在的语文学习被功利化的考试拉下水,孩子们从幼儿园就开始识字写字,上了小学为了拿高分大量做题,每天没有时间读书;到了初高中更为严重,孩子连题都做不完更不要提读书了。我们说"读书破万卷,下笔如有神",我们说"书籍是全世界的营养品",我们说"鸟欲高飞先振翅,人求上进先读书",我们说的都是古人总结的经验。这些真理大家都知道,可就是没有人能坚守真理。于老师也告诉我们,语文学习必须让孩子多读一些,多看一些,多积累一些,根深才会叶茂。

可敬的于老师不仅是在追求语文教学的至善至美,还在践行一位教师的使命。于老师经常回忆自己年轻时因把"阳春白雪""下里巴人"教得不准确而自责,为此她一辈子谦虚谨慎,学而不倦,用自己的人格潜移默化地影响着学生。我一直在沉思，我们有时把教师理解得太狭隘了，美其名曰我们是语文教师，是数学教师，是科学教师……不管什么学科的教师都是教师，为师者不应分学科，不应论长幼，都应该"智如泉源，行可以为表仪者"。我也在反思，我们有时把教师的使命理解得不够深刻。作为人民教师，我们肩负国家的期望、人民的嘱托，我们应该教在今天，想到明天，让国家放心，让人民放心。为此，我们必须把教育工作当作生命的事业！

文化，不止写在书上

——读余秋雨《文化苦旅》有感

拿到新版《文化苦旅》这本书，我已经想象到其难读的程度。果不其然，诸如喜鹊衔枝搭窝、蜗牛跑马拉松、蚂蚁造宫殿……有些书就是要逼自己去读的，这叫强迫式阅读。只要有一个目标，到达终点那是迟早的事。终于，我似懂非懂、牵驴碾磨式地读完了这本书。

翻开书，读不进去，是因为自己的知识太浅薄了，这种感觉就是"书到用时方恨少"。合上书，走不出来，是因为我的心、我的情、我的思恋恋不舍，方知"读万卷书，还须行万里路"。

文化"苦"旅，想必出门旅游的人都没有这样的感受，因为我们的旅游是放松、休闲、度假，总之是愉悦的。余秋雨先生的旅行，和我们的旅游截然不同，他奔着历史、人情、文化、文明而去，总是不满足文本钻研而寄情于现场感悟。

先生20世纪80年代中期，就已经是知名学者，曾获"国家级突出贡献专家"等荣誉称号。这些身份和荣誉，是很多人终身追求也望尘莫及的，而他却毅然辞去一切行政职务和高位任命，孤身一人寻访被埋没的中华文明遗址。20世纪末，他冒着生命危险贴地穿越数万千米考察了古巴比伦文明、古埃及文明、克里特文明、希伯来文明、阿拉伯文明、古印度文明、古波斯文明等一系列著名的文化遗迹。让我们不可思议的事，却是先生毕生的夙愿。

文字带着我跟随余先生的苦旅而行，虽然磕磕绊绊，甚至绞尽脑汁，但是深感值得。每到一处，眼前的景与物不再那么简单，人类遗留的一丝丝痕迹，都能带你穿越数百数千年。

去了都江堰，我感慨白白走了一遭都江堰。汶川地震后，我带家人驱车前往，因天气原因，只是短暂停留。青城山上，眺望了它的身影；江水之滨，遥想了它的身世。因为教材中有《都江堰》这篇课文，我对这一水利工程略有了解，心里对李冰父子的敬佩之情油然而生。多数游客也只是耳闻，实现个"到此一游"的愿望罢了，我便是其中之一。

真正读了都江堰的前生今世，才揭开了它那神秘的面纱。一个两千多年前的水利工程，没有成为西风残照下的废墟，没有成为考古学家们的难题，直到今天还一直支撑着人民的生计，我们不得不用"伟大"来形容了。这一切，都与公元前三世纪的一项任命有关：李冰任蜀郡守。

李冰，没有学过水利，却总结出了治水三字经——深淘滩，低作堰。他让自己的儿子继承治水事业，由此代代相传，铸就了李冰的精魂。中国自古就有"愚公移山"的传说，不难看出有异曲同工之处。

山与水不可分割，如果说都江堰具有调理自然的本事，那么近旁的青城山则做了哲学总结。青城山是道教圣地，道教汲取了老子和庄子的哲学，把水作为教义的象征。水，看似柔顺无骨，却能汹涌澎湃；看似无色无味，却能五彩斑斓；看似自处低下，却能为云为雨。余先生认为，李冰治水看上去是人在治水，实际上是人领悟了水，顺应了水，听从了水。这是天人合一，无我无私。这便是道，是水之道，天之道，生之道。

值此，我反复品味着"拜水都江堰，问道青城山"这副对联。假若有一天再去都江堰，我必将虔诚、必恭，以换取内心对无知的原谅。

真是"不登高山，不知天之高也；不临深溪，不知地之厚也"。沿着先生的脚步，走完中国之旅、世界之旅、人生之旅，是"文化"这个精灵，让我深陷其中，陶醉不已。当把自己置身于世界文明之中时，才知道我们微乎其微。

其实，那些游人如织的地方，都写满了文化和文明，不知者看热闹，知者看门道。莫高窟里的壁画不仅仅是画作，那是历史与艺术的完美结合。

坍塌的阳关看似一堆废墟，而曾经却见证了人生旅途的壮美和艺术情怀的宏广。杭州城里，最美的不仅是西湖，还有苏轼的故事、白娘子的传说。

正是如此，各地、各景点都要做文化的文章，有文化背景的旅行更有内涵。从此，无论走到哪里，我都特别留意有没有历史，有没有故事，有没有文化。一方石碑，一座古庙，一片瓦砾……在我眼里，它们就是生命的载体，抚摸着，思忖着，浮想着，感受到的是灵魂的飞跃。

此刻，我正在长枪岭下，因为集团办学，我来这儿的村小已经一年半载了。每每踏进校园，我的脑海里都会闪现出六百多年前这里的繁华。

据清康熙《兴安州志》载："寺在州西长枪铺，今建庵施茶，以饮行人。"没错，这里曾经是广济寺。2002年，考古人员在寺外水井边发现了明万历十二年（1584年）《重修广济寺》残碑。

过去，这里曾是汉阴、石泉及西路人进入安康城的要衢。广济寺为这些进城的人提供了饮茶、歇脚的方便。

刹那间，我对将学堂设在此处的意义恍然大悟。曾经这里是一所初级中学所在地，后来中学搬走后又改建为小学。土房子、瓦房变成钢筋水泥筑成的楼房，不变的是那座古庙、那口深井和那棵老树。

如今的庙堂是学校的图书阅览室，已经不是广济寺的原貌，稍有历史的是房顶的横梁和一块残缺的石碑，那是清道光年间留下的。六百多年的变迁，广济寺有过辉煌，有过暗淡，甚至遭受了毁灭性的破坏。

那棵老树，四个大人伸开手臂才能勉强合围，估计它的年龄应该与广济寺相差无几。可以想到，几百年前，匆匆行人在树下纳凉，一群孩童在树下嬉戏。树下有一泓甘泉，清澈透明。据说，遇到干旱的年份，诸多地方水源干涸，而这儿依然清泉直流。后来，人们就在树下修了一口井，四方居民都从这里取水而饮。掀开井盖，树根与砌石交织在一起，坚不可摧。原来，树的生命力之所以如此顽强，就是得益于泉水的滋润。

一座古庙，一口深井，一棵老树，三者相互映照，融为一体，共同传承着昔日的文明。如今，这里成为孩子们的乐园，文化的影响无形地滋养着他们。

在《文化苦旅》中，我找到了答案。文明之道即自然之道。所以，我庆幸这片土地没有被过度开发，一切都还是自然的样子。这也在暗示我们教育人，应遵守规律，顺其自然，此乃教育之道。

由此，为之感叹，文化不止写在书上。

第五章 乐享成长
Le xiang Chengzhang

教语文最幸福的事就是和学生一起成长。上好语文课，我们必须练就扎实的基本功，让自己时时处处成为学生的榜样。只有这样要求自己，才能倒逼自己不断成长。我经常告诫自己，如果一天不学习，课堂就会少一汪清泉。

参加一节"国赛课"的成长记

一次参赛就是一次蜕变，更是一位教师成长中最宝贵、最美好的回忆。2018年9月30日，我代表陕西省参加了参加全国第三届小学青年教师语文教学展示与观摩活动，执教四年级下册《囊萤夜读》一课，受到一线教师的好评和认可。当时，统编小学语文教材只使用到二年级，三至六年级的教材还没有与广大小学语文教师谋面。但是组委会要求参赛选手全部上统编教材中的新课文，他们提供课文所在单元一个单元的电子教材。在此背景下，我想全国的32位选手都承受了巨大的压力和挑战。整理自己参赛的经历，愿与热爱语文的同行共同成长。

题记：

当一个人不需要憧憬什么的时候，也许就很可怕了。可当你憧憬什么快要实现的时候，就更可怕了……

我是一个小山城的语文教师，虽然我在当地最好的小学任教，但是我们这里经济落后，观念更新迟缓，更没有像上海、苏浙一带那么浓郁的研究氛围。所以，我根本没有憧憬我的语文教学能走出这里，或者走向省里，更不敢妄想参加国家级赛课。然而，命运之神似乎在指引着我，似乎在耳畔悄悄告知我我可以。

一、要参赛了，心却乱了

2018年5月，安康市教研室侯曙光老师参加江苏新教材培训会回来后告诉我，争取让我代表陕西参加每两年一届的全国语文教学比赛，说我毕竟2012年参加陕西省的比赛时给省里的教研员和专家留下了深刻印象，而且这些年也在不断成长。我告诉侯老师，我很想去，但是不强求，也不能难为省上的教研员，因为我始终觉得自己的沉淀还不够，书读得不够，跟全国优秀的青年教师比还差得很远。还有重要的一个原因是我担心去了给我们陕西丢人，给我们安康丢人，给我们安康市第一小学丢人。更为可怕的是我害怕自己会失败，因为人生中这样的大赛机会大概率只有一次，如果没有把握住，会终生悔恨。

这些问题压在我心里，我想得到这个机会，但又害怕机会来了把握不住。就在我内心忐忑不安时，侯老师一个电话把我叫去了办公室。"叫你亲自过来，就是这次全国赛教，省上决定让你去赛。"没等侯老师说完，我便急切地表达感谢之意。侯老师交代了赛教要用统编新教材，全部选择新课文。侯老师把没有公开发行的三年级上下册统编教材给我，让我回去先学习、了解。因还要回学校上课，匆忙交流后我便离开了侯老师的办公室。回校不到500米的距离，但那时我感觉走了很长时间，很长时间……

二、抽题如抽奖，命里注定

2018年7月10日，我和侯老师乘坐晚上的火车赶到西安，第二天早上与省教科院李老师汇合一同前往机场，前去参加赛前培训和抽签的城市是贵州兴义。之前从未听说这座城市，也不知道组委会为什么在那儿开会，西安到兴义就没有直达的飞机，还得在贵阳中转。我们一大早出发，几经折腾，下午4点钟才赶到酒店报到。

会议专门安排了新教材精读篇、习作策略单元、口语交际篇、阅读策略单元篇的课例说课和研讨,似乎就是给我们参赛选手一些思路。各路专家,尽展风采,滔滔不绝,时而提出问题,时而指出不足,面对新教材怎么教,他们有争论,有建议也有疑惑。然而中国教育学会小学语文教学专业委员会理事长陈先云的一句话为所有人洗净了尘埃:"统编教材好,一定要教好。"

我深知上好课的基础是思想指导和理念引领,于是拿着笔抓紧时间记下一些关键的讲话内容,拿着手机拍下我认为有用的PPT,甚至把陈主任的讲话全程用手机录下来。真不好录,没有手机架子,我左右手交替拿着录了1小时20分钟,手都酸掉了,但是自己觉得拿着宝贝似的,感觉很值得。后来几天,网上就有了完整的讲话视频,而且比我手机录的清晰。

还是说抽签吧,那阵仗跟要抽大奖一般,我的心扑通扑通跳个不停,总希望抽一个得心应手的课题,好展示自己的课堂魅力。终于轮到我了,打开签一看——"囊萤夜读",顿时蒙了,差点儿连"囊"都没认出来。这是咋回事?咋从来没有听过这样一个题目?是成语,是故事,还是——?我正在焦虑,旁边吉林的杨波老师蹭过来看,还念道:"囊萤夜读。"我急切地问道:"你知道这篇课文吗?""你不知道吗?这是一个成语,讲的是……"瞬间,一种无知感涌上我心头,的确,我没见过这个成语,甚至都没有听说过。我深感知识浅薄,默默念叨:"认命吧。"

用省教科院李老师的话说,从此我进入了"炼狱"模式……

三、等待教材,祈祷

因为我抽到了四年级下册的课文,教材还没出正式出版,只有等组委会把专门用于赛课的教材寄给我。于是,我还有一丝期待,期待是一个很有意思的故事,期待教材的内容切合单元语文要素,期待课后题给我很开阔的思考……更盼望一定不要是文言文,因为自己从来都没有上过文言文公开课教学。

带着这些期待我们返程了,一路上李老师跟我说话时,她都觉得我愣了,反应慢了。为了掩盖内心的疑虑,我还装作一副没什么大不了的样子。"不可能吧，我没有反应慢啊，不就上一节课吗，哪有那么大的影响！"我嘴里这样说着，压根儿就和心里想的不一样。随行的几位特级教师也开玩笑说："他在囊萤呢！"但是他们都表示将来如果磨课，会提供场地和学生，还会给我指导。我也就现场拜师，请他们当我的导师，磨课路上我不再孤单。

回来后，我们一直关注参赛选手的微信群，郑宇老师说秘书组已经将教材寄出，请选手们注意查收。一天过去了，两天过去了，终于有选手回复收到教材了，后续也有选手陆续收到教材，而我迟迟还没有收到。我又开始胡思乱想：难道我的地址留错了？难道我的在半路上丢了？难道会务组没有给我寄？7月16日，我终于等到了快递员的电话，从家直奔学校门房。我拿着沉甸甸的快递，视若珍宝，路上都不敢打开。我快步来到办公室，坐在电脑前小心又小心地撕开封条，拿出书稿，因为只有一个单元，书稿好薄好薄。我最关注的是什么文体，所以赶快翻到课文，睁大眼睛看了一遍又一遍，怕什么来什么——"文言文"三个字占据我的脑海。"文言文"三个字，像弹幕一样重复播放，足足三分钟，我才缓过神。我开始看单元的人文主题、语文要素、课后题目、语文园地和其他几篇课文，看了半天，依然思维堵塞，一片混沌。

冷静下来后，我把教材复印了三份，把原件放回袋子里精心保管起来。把原件拍了照片，同时发给了李老师和侯老师。我不知怎么表达，于是给他们发信息说："李老师，侯老师，果然是文言文。我先查阅资料，然后研读文本，再开始备课。"

四、初拿文稿，就是一个"读"字

7月17日，我正式启动备课模式，早上五点半已经醒了，天气的燥热和心里不断翻腾的问题让人不得安宁。我起床后，如约完成十千米长跑。身着我那一贯的红色队服和蓝色短裤，踏上河堤，伴着东方升起的红日，挥洒汗珠，怀着坚持就是胜利的信念奔跑着。汗水浸透了衣服，身体伴随着汗水的挥洒而逐渐轻盈，顷刻间，我思绪袅袅，完全沉醉于奔跑的乐趣之中。这就是我喜欢跑步的原因，有人说我为了减肥，其实不然，其乐趣唯己自知。

来到学校，蝉鸣声此起彼伏。走进办公室，我没有急于打开尘封数天的电脑，也没有触碰那份神圣的教材，我随手拿起桌上的《论语译注》，翻到论语第五篇《公冶长》。

我不禁又是一番自责，这本书已购数月，之前坚持每天读一章。早知如此，为什么我不多读读文言文的书籍呢？于是我暗下决心，自今日不再一章一章读，而是每日至少读完一篇。君子一言既出，驷马难追。我拿着笔读完了论语第五篇，共28章。读原文，看注释，查字典，写写画画。也许自己的理解能力匮乏，有时还读不懂，不能理解，所以读过了又翻回去再读，反复琢磨，直至能悟，用时1个小时。

读文言文这么费劲儿，我抽到的就是文言文，如何是好？拿出教材，我在办公室出声读了一遍：

囊萤夜读

胤恭勤不倦，博学多通。家贫不常得油，夏月则练囊盛数十萤火以照书，以夜继日焉。

文章两句话，文中生字标注有拼音，一遍读下来硬是没有读通。一个问题是在哪儿停顿合适，尤其是"夏月则练囊盛数十萤火以照书"这句。另一个问题就是"盛"字，我担心学生读不准它在这里的读音。

为了研读文本，我拿出笔来一边在白纸上书写，一边在心里默读。提笔写第一个字"囊"就把人吓到了，笔画如此之多，如此没有规律。翻到生字栏一看，这个字要求是要会认还要会写。于是，我就在想：这个"囊"字怎么教，怎么练呢？先不想那么多，自己先得把文章读准，读通，把握好节奏。

备课第一天，把课文读了不下20遍，一边读一边琢磨……

五、把文本放入单元目标视野下研读

7月18日，天气依然燥热，办公室外工地上机器的轰鸣声，树上群蝉的齐鸣声，空调主机隆隆的转动声……这些声音与我内心的惆怅不安交汇在一起，奏不出交响乐，奏出的是那来自时空之外悠远、绵长、隐约的囊萤读书之声。

来到办公室，我还是先读了《论语》第六篇《雍也》。

这天读文本比前一天轻松多了，我读了两遍并仔细琢磨了单元的人文主题和语文要素。人文主题毋庸多虑，课文本来就是励志的文字，学生在学习与阅读中自然而然就能受到感染和启发。倒是语文要素令人费解，是从人物的语言、动作等描写中感受人物的品质，学习用多种方法写出人物的特点。对照了文本，文中并没有直接描写车胤的语言，更多的是从第三人称的角度来叙述车胤囊萤夜读的故事。从写作方法来解读，文本是通过具体、鲜活的事例来写车胤恭勤不倦，博学多通的。于是，我就在想从这个角度去设计。

再看课后习题。第一题：借助注释，理解课文中每句话的意思，再正确、流利地朗读课文。解读有两个要点：一是要教给学生借助注释自主读懂文言文的内容，二是正确、流利地朗读。第二题：照样子，根据课文内容填一填，也是教一种理解文言文的方法。即组字成词，从"倦"可想到"疲倦"，"贫"可以和其他字组成什么词语？这预示着在教学设计中要将这种方法教给学生，便于学生更加轻松地理解古文。从课后题得出结论，教给学生阅读文言文的方法应该是本课的一个重点。

通过把文本与单元主题，与课后题的关照、勾连，发现本课教学的重点可以确定为学习阅读古文的方法，体会古人用鲜活事例写出人物宝贵品质的方法。

六、文本解读需要追根溯源

7月19日，我把儿子送到舞蹈班。在儿子跳舞的一个半小时，我读完了《论语》第七篇《述而》。接儿子至办公室，让他独自读书学习，我又开始备课。

这一天，我主要想通过网络查阅一些资料。搜索了"囊萤夜读"，检索出的内容并不多，果然应了组委会的初衷，此次教学设计没有经验可以借鉴。之前设计任何一节课，只要在互联网上检索，可以说是成百上千种设计"亮瞎"眼，如琳琅满目的商品，让你不知道选择哪个更好。

电脑检索出来的内容多数是重复的，基本上是"囊萤夜读"出自哪里，译文是什么，注解是什么。唯一有价值的资料是"囊萤夜读"只是《晋书·车胤传》的节选。在网上只能查看到其中一部分，要想看到完整版的《车胤传》只得找来《晋书》了。我赶紧问了好几家书店是否有《晋书》销售，答案都是"没有"。于是只有在网上买了，但是网上也没有简体版，只有繁体版，预示着很难读，但我还是下单了，期待着能为我所用。

对于选自史书的文章，只有找来完整的篇目通读，才能知晓前因后果和历史背景。像《囊萤夜读》这篇文章，单读节选的内容，有诸多疑问不解。如车胤为什么会囊萤来夜读？他的家境如何？他为什么如此刻苦求知？他到底有多么博学多才……一系列的问题在选文中只能窥见一斑，只有找来原文通读，才能找到答案。

在我们的语文教材中，有多数文章是一本书或一篇文章的节选，或者是选入教材后有改动。此类文章，在备课时一定要追溯其根源，我们的视野才会更广阔，思考才会更全面，有利于我们掌握文本的教学价值。

七、请教黄亢美教授

7月20日，每天读一篇《论语》对于我来说还是很吃力，但是我想要坚持，一时不懂，往后慢慢会懂。这一天我读完了第八篇《泰伯》。

因为之前从来没有公开执教过文言文，实话实说我心里没底。于是我找到统编教材总主编温儒敏教授的讲稿，找到了文言文应该怎么教的部分，大致内容是：

> 把诵读作为学习文言文基本的又是最重要的环节与手段。对文言文来说，通过诵读知其大意，能对文章的文气和语感有整体感觉，这是基础。建议文言文教学少一些串讲，少一些活动，不一定要"先译后背"，也不一定"字字落实，句句翻译"，把更多时间交给学生诵读，很多课文都可以做到"当堂成诵"。

这么一大段话，其核心是要把"诵读"作为阅读文言文的主要方式。但是说起来容易，做起来哪有那么容易！怎么把识字写字融入其中？怎么把阅读理解融入其中？怎么把语言实践融入其中？怎么把拓展阅读融入其中？一系列问题，在具体设计时真是难上加难。

但是，也给我一些思路，我初步拟了一个教学思路：

1. 激发兴趣铺垫读；
2. 提纲挈领感知读；
3. 习以方法自主读；
4. 引经据典表达读；
5. 学以致用拓展读。

总算有一个谱了，而且看起来"读"贯穿始终，貌似贯彻了温教授的教学理念。就这样吧，这天总算又向前推进了一步。

于是，我开始制定教学目标。结合对教材的研读，落实统编教材的新理念，我初步制定的教学目标如下：

1. 在朗读中认识 4 个会认字，在教学过程中指导练写 7 个会写字，重点利用字理识字法指导写"囊"；
2. 采用借助注释、对照插图、组字成词等方法指导学生自主理解文中句子的意思，尝试用自己的语言讲故事。学生能体会作者通过鲜活事例写人物品质的方法；

　　3. 在理解的同时，指导学生正确、流利地朗读课文，诵读课文，背诵课文；

　　4. 拓展一到两篇小古文，学生自主选读，交流阅读感受。

　　把教学目标弄出来，真是让我松了口气，最起码有方向了，我的思路顿时开阔了不少。但是就如何达成第一个目标中提到的指导写"囊"字，我还是一头雾水。我拿着笔一遍又一遍在纸上写这个字，描这个字。突然，我想到前几年来安康讲字理识字的专家黄亢美教授，他执教的《雷雨》让人如临其境，识字教学更令我大开眼界，我还专门买了一本他主编的《小学语文字理教学手册》。我像找到了救命稻草一样开始找书，终于在书柜里找到了，开始如饥似渴地搜寻"囊"，但是对于书中的解释还是不明白怎么教给学生。

　　百思不得其解时，我萌生了一个大胆的想法，亲自联系黄教授。可是远隔千里怎么联系？想到有一次在一个微信群里好像看到了他，于是我找到了黄教授的微信，添加了他的微信，备注了我的目的，万万没想到黄教授还真通过了验证。我怀着试一试的心理给黄教授发了微信："黄教授您好，请问'囊萤夜读'的'囊'怎么教？有没有字理识字的方法？请您不吝赐教，谢谢！"

　　当时已经中午12点多了，黄教授通过微信耐心、细致地给我讲解"囊"这个字。原来"囊"上部像扎紧口子的平底袋子，表义。下面是襄省声，表读音。"十"像绳结，"口"是袋子，"丨"表示内有物，可想象袋子放在案桌上。

　　没有想到，我这个小语界的无名小卒还能得到黄教授的指点，真是万分荣幸。从拿到课文，我就在想"囊"这个字到底怎么教才简单、才生动，黄教授这一番讲解，似醍醐灌顶，我终于把"囊"这个字弄清楚了，顿时感觉心里那块大石头被掀翻了。同时，我也真切地感受到黄教授这样的老一辈教育家对语文教学的热爱，对吾辈等语文青年教师的抬爱。我心生些许自信，感觉轻松了许多。

因为我有个习惯，自己没有弄懂的一定不能教给学生，要教给学生的自己必须弄明白。

八、读原文，别有洞天

周末两天，本想放松休息一下，但是根本没有休息的心思，因为心里总是在惦记着教学设计。

7月23日早上，我在网上购买的《晋书》到了，打开纸盒，共有十本。我迫不及待翻开目录，想找到《车胤传》，因为是繁体，内容又多，翻了几次都没有找到。于是赶紧请"百度"帮忙看看《车胤传》在《晋书》中多少卷，迅速查到在第八十三卷。翻到第八十三卷，终于找到了《车胤传》的原文。没来得及仔细翻阅，我就带着这本书来到了办公室。

原文竖行排列，全部是繁体，读起来很费劲，若没有字典帮忙，实在为难。阅读原文，便知当时的太守王胡之很会看人，他发现车胤与其他小孩儿不同，并告诉车胤的父亲："此儿当大兴卿门，可使专学。"车胤父亲本是郡主簿，只因奸臣所害，其家一贫如洗，但是车胤学习刻苦，囊萤夜读的故事传遍相邻村落，时人一片赞誉。他的付出让自己功成名就，先后担任辅国将军、丹阳尹、吏部尚书。

把选文放入全文中对照，发现选文节选了车胤少年时期刻苦攻读的故事和对车胤的总体评价。于是，我就在设想是否可以把车胤的学习背景引入课堂，让学生体会车胤没有因家贫而放弃读书；也可以把车胤长大后的成就引入其中，让学生感受车胤有付出就有收获，激励学生珍惜现有的生活，立志学习。同时，让学生在体会和感受中诵读课文，触摸经典的力量。

作为一篇经典人物传记，如果仅让学生停留在文字表面必然是蜻蜓点水般的学习。《车胤传》是车胤一生主要事迹的记载，虽没有长篇大论，但字字珠玑，阅读其文，我能想象车胤的生活和学习画面。为了读懂原文，我买了一本《古代汉语词典》，一边读一边查词典，了解了大致的含义。读了好多遍，记忆还是不深刻，我就开始把原文敲到电脑上，毕竟"眼过千遍不如手过一遍"。但是这个过程是煎熬的，最麻烦的是多数字为繁体。经过半天的整理，我终于把《车胤传》的原文完整地呈现在电脑上。

敲完全文，我也大致了解了车胤的一生，并为之感到敬佩。自古以来，寒门难出贵子，而车胤例外。

再回到选文，要把这篇小古文讲好，并不是要把《车胤传》全部教给学生，而是作为师者，我们必须弄清楚原文，这样才能在学生提问时准确答疑，在学生思考时适时指导，在学生交流时正确评价。只读选文，有点儿稀里糊涂；再读原文，别有洞天。读完原文再回到选文，读之，颇有"张飞吃豆芽"之感。

九、唯有学习能解忧

这段时间，我不再看和《囊萤夜读》相关的任何资料了，越看越没有思路。我此刻才知道"书到用时方恨少"是什么滋味，就是头脑发晕，一片空白。但是我清楚自己应该做什么，那就是用学习来沉淀自己。

我买了大量的书籍，开始如饥似渴地补课。读王崧舟、林志芳所著的《诗意语文课谱：王崧舟十年经典课堂实录与品悟》《听王崧舟老师评课》，才发现王老师的课堂为什么如此具有诗意，因为在他心中，一节课就是一个艺术品，需要用自己的全部去雕琢，尤其他的教学语言，看似随口而出，却如诗一样悠远。于是，我下决心一定要让自己的教学语言优美起来，即便不能达到像诗一样美，也得有文化的味道。读吴忠豪教授的《从"教课文"到"教语文"》，书中一个个案例在"教语文"思想的指导下一次次改变，一遍遍试教，终能华丽变身。这套书给我的启发主要是思想的改变，语文课要上出语文的特点，必须把语文知识和语文技能放在首位，把语言文字的阅读、理解、运用贯彻到底。读《为言语智能而教——薛法根与语文组块教学》，才知道语文教学也可以"清清楚楚，明明白白"，教学目标清楚，教学任务具体，教学环节看似独立，实则内如胶粘。读王林波老师的《指向"语用"的阅读教学实践》，落实语言文字运用的策略让我豁然开朗，每一课都可以选准语用点，落实"一课一得"。算起来，我读了10本关于语文教学的书。这段时间阅读的收获超过了我以前所有的阅读，以前总是蜻蜓点水，走马观花地阅读，而这次是有需求、有目的地阅读，而且非常完整，也比较系统。

除了大量阅读，观看名师的视频课也是见效较快的方式。现在的资源都是有知识产权的，免费的视频课质量都不高，以前也在网上看，但是遇到收费的视频便掉头就撤，而这次在网上付费观看我没有丝毫犹豫。看视频的好处就是拿来即用，名师的教态、教学语言、评价语言、教学机智等都能尽收心底。我是一个视听觉比较敏感的人，看视频学习对我而言就像是看电影一样，几乎可以过目不忘、过耳入心。在家做家务，我放着名师视频，一边听一边做家务；晚上睡不着，手机里放着名师视频课，听着听着，就进入了梦中课堂，好像是自己在上课一样。就这样，名师视频一节一节地装入我的脑子里。

手机时刻不离手，因为我还关注了一些名师的公众号和《小学语文教学》等一些知名刊物的公众号，只要有文章更新，我便第一时间阅读，有时候走在路上都在阅读。

最近全身心投入学习之中，晚上从来没有在12点前睡觉，因为睡不着；就是12点后睡觉，也睡不着，因为满脑子都是课堂教学的情景，就像演电影一样。

我这样坚持着，因为我相信终有一天灵感会找到我。

十、千呼万唤始出来

无论是白天黑夜，我都在想我的教学设计。如何才能设计得独特新颖？如何才能把统编教材的特点展现得淋漓尽致？如何才能把个人的教学特色融入其中？伴随着满天星式的问号，我坐在电脑前绞尽脑汁，终于在8月20日这天有了思路，设计了雏形。

综合考虑，我把这节课的目标设定如下：

1. 在朗读中认识4个会认字，在教学过程中指导练写7个会写字，重点利用字理识字法指导写"囊"字。

2. 采用借助注释、对照插图、组字成词等方法指导学生自主理解文中句子的意思，并让学生尝试用自己的语言讲故事。

3. 在理解的同时，指导学生正确、流利地朗读课文，诵读课文，背诵课文。在此过程中让学生体会通过鲜活事例写人物品质的写法。

4. 拓展到两篇小古文，学生自主选读，交流阅读感受。

看着我设定的教学目标，我感觉很满意。教学目标最大的特点就是全，生字教学抓重点，理解句子教方法，以事为例教运用，课外延伸有拓展，积累语言有背诵。好不容易结合单元双线、课后题以及温儒敏教授关于统编教材中文言文的教学建议才制定了这样的教学目标。

围绕教学目标，我开始设计教学，集中我的教学经历和学习经历，一个环节一个环节地敲出教学预案：

课前交流：这是一篇文言文，我主要想通过对文言文的自我介绍，让学生感受古人讲话与现代人的不同，从而激发其学习文言文的兴趣。以一个例句进行自我介绍，之后让学生仿照给出的句式练习。其目的是给学生一种"穿越"的感觉。

第一环节：回顾经典导课题。我用学生日积月累的文言文句子，引导学生复习诵读，让学生在读中感受经典的魅力，体会文言文语言的特点，从而导入课题，重点指导"囊"的写法。以"写课题、读课题"为切入点，引导学生围绕题目进行质疑，从而带着思考进入文本。

第二环节：整体感知抓关键。主要想通过学生自读、教师范读，让学生把文言文读准、读通。然后以一个主问题"车胤是一个什么样的人？"让学生抓住文本的中心句，整体感知车胤这个人物形象，从而引导板书"恭勤不倦，博学多通"。

第三环节：自主习法解文意。这一环节是重点内容，首先引导学生回忆读懂文言文的方法，以首句为例，通过找近义词的方法理解"恭勤不倦"和"博学多通"。其次在阅读中启发学生思考：车胤为什么能得到大家的高度评价？引导学生学习第二句，也就是描写他囊萤夜读的场景。通过理解、朗读，引导学生想象当时车胤如何囊萤夜读并进行语言训练。最后再以讲故事的方式引导学生大致了解句子的意思，鼓励学生大胆想象，揭示想象画面也是阅读文言文的好方法。

第四环节：研读文本诵经典。设计分层指导诵读。一是车胤夏天可以囊萤夜读，那么春、秋、冬季他会怎么夜读？引导学生想象表达，通过三个句子，指导学生诵读好"恭勤不倦，博学多通"。二是设计了三个情景，引导学生了解文章之外的车胤，激发敬佩车胤之情而进行诵读。三是配以古曲进行诵读，和着古曲，把学生带入1600多年以前。四是预设情景：如果你是古人，你会怎样评价车胤？给出一个句式让学生补充，然后带着赞叹再次诵读。四次诵读，把情感推向高潮，在多次诵读中学生也能背诵下来。

第五环节：触类旁通重拓展。按照统编教材提倡的"1+X"的教学策略，再给同学推荐了和《囊萤夜读》相似的三个故事，让同学选择其中之一进行阅读分享。

第六环节：传承经典咏流传。课即将结束时，我把《囊萤夜读》和几篇课外阅读的内容用文言文的方式出示，配乐齐诵，在文字与音乐的交融中结束学习。

敲完教学设计的那一刻，我直接拍案而起，真是"千呼万唤始出来"，终于完成了教学设计。

十一、盼望"两情相悦"时

看着自己这么多天熬出的教学设计，我甚感欣喜，第一时间给教研室侯老师汇报，约定8月23日上午请他来指导。

因为还在假期里，只有请侯老师到学校来当面向他汇报。我们约定早上8:30在办公室见面，没想到我8点钟到学校时候老师已经在门口等我了。对于这次参赛，市里也非常重视，特别是侯老师，他是我们市里小学语文的掌舵人，我估计这段时间他肯定也一直在帮我思考这一课究竟如何来教。

见到侯老师，他没有直接说赶快把教学设计拿出来让他看看，而是和颜悦色地说："这段时间你一定很辛苦，受累了。"我听到这样的问候，在这个燥热的炎夏顿感清风拂面。侯老师就是这样一位体贴和关心一线教师的教研员，所以我们小语教师无论男女长幼都亲切地称他"猴哥"。

我们相对而坐，我把教学设计和教材给了侯老师，开始讲我对教材的解读、学情的分析、教学目标的制定、重点难点的定位、教学环节的设计。我详细介绍了我对每个板块的思考以及如何在课堂教学中实施。侯老师一边听，一边称赞解读独到，设计精妙。很多方面我们有相同的见解，这也让我信心倍增。

当然，我也有诸多困惑，特别是在如何落实单元语文要素的问题上。《囊萤夜读》其故事内容极具人文性，而单元语文要素提示要根据人物的动作、神态、语言等描写体会人物形象。全文只有两句话，而且是站在第三人称的视角叙述车胤囊萤夜读的故事，没有直接的语言、动作和神态描写。为了靠近语文素养，我设计了让学生想象车胤囊萤夜读的情景，如车胤是如何捉萤火虫的，又是如何读书的，把文言文变成白话文，通过车胤的动作体会他为了读书费尽心思，从而感受车胤刻苦读书的人物形象。这个问题我们反复思考，冥思苦想，目前也只有这样设计了。

我们从早上 8 点钟一直讨论到中午 12 点。侯老师说从课的设计上能看出我用心良苦，体现了统编教材小古文的教学理念和教学方法，但是教学设计还需要通过教学实践进行检验，目前看是教师的"一厢情愿"，能否与学生达成"两情相悦"，开学后希望我尽快开始试教。

为此，我比往常更期待着开学，因为开学了我就能知道这个设计能否与学生达成"两情相悦"。

十二、理想丰满，现实骨感

我一个假期都在研读教材，查阅资料，反复论证，不断修改，自我感觉这个设计非常严谨、完整。因为假期里面没有学生，所以在我的头脑中就不断地幻想这节课一定会很精彩，有声情并茂的朗读，有争先恐后的发言，有严谨流畅的教学环节，还有恰当、适度、幽默的评价。

因为是统编版的新教材，所以我想了很多种方法想上出新教材的特点，试图显性或隐性地体现单元语文要素、课后题的特点以及编者的意图。总之，对上这节课我充满了期待。然而，上完课后我大失所望，大脑中所有的词语全部变成了"失败"。

9月3日，我不想打扰任何人，所以就联系了四年级的一个班级独自先试教。下午第一节课，我提前来到了学校的录播教室，期待着在这里实现我精彩的预设，能够得以达成有深度、有情趣的课堂。

课前交流时，按照我预先的设计，与学生交流的部分采用模仿句式练习用古文做自我介绍。课堂实践证明，填空式的自我介绍限制了学生的思维和表达，学生参与不够积极。

教学中最大的问题是设计的内容过多，导致时间不够。完成这节课我大约用了50分钟的时间。然而回顾这50分钟的时间，却没有哪一个环节成为课堂的亮点，这一点我特别担忧。

我明显感觉到设计的难度太大了。按照统编教材的编排，这篇文章应该在四年级下学期的后半学期教学，然而放在四年级的第一学期学习不切合学生的学习基础。加之当天又是开学的第一天，整节课孩子们的表现非常吃力，我想要呈现的和学生所要学习的没有很好地融合，其问题就在于我高估了学生。

反思教学设计，第一是高估了学生的朗读水平。在这节课上，学生初读的时候用了很大一部分时间，主要在解决读音问题、停顿问题。第二是语言训练过多且过于冗繁，学生短时间内训练不充分，导致效果不佳。第三是诵读层次过多，反而看不出指导的层次。第四是学生动笔书写过多，写字、写词、写句子，时间有限，动笔过于频繁。第五是拓展阅读篇目三篇有些多了，一味追求数量，既无法完成教学任务又无法达到我的初衷。

个人教学问题是前半程自信满满，到中间时手忙脚乱，结课时匆匆忙忙。主要问题是导语环节设计不够精确，评价语言不够有趣，反应迟缓，语言表达不够流畅。

我准备保持基本大环节不变，精选教学内容，删减教学活动，突出教学重点，一定要把"轻松快乐的语文课堂"找回来。我修改教案、课件，准备第二次试教。

十三、路在何方

第一次试教后的落寞让我反思，我对教学设计删繁就简。9月4日早上我进行了第二次试讲，自我感觉良好。也许是没有人听课的原因，我放得很开，课堂上轻松自如。课后，学生评价："这位老师上课真有意思！"

于是，我感觉应该可以让课公开亮相了。我抓紧时间联系了市教研室的侯老师，侯老师邀请了唐明霞老师，还特别邀请了参加过全国初中语文赛教的邱俊老师，加上我们学校的语文教研组组长洪志坚老师共四位老师来到我的课堂。

我自信十足，气宇轩昂，心想着这一节呈现的一定是精彩的教学。课上，我按照预设的教学设计步步推进，虽磕磕绊绊，但终归完成了教学任务。40分钟，一切尽在我的掌控之中。课下，我满怀欣喜，我也看到学生个个喜笑颜开。我借班上课，喜欢让学生给我的课堂打分，学生离开录课教室时我特意让学生们把打的分数给我瞧上一眼，100,99,98……高分数不胜数啊，我更加兴奋了。学生走出了教室，我抬头扫视一下四位听课专家，他们个个神情严肃，似乎正在思考着一个重大的问题。难道刚才的课堂纯属自我陶醉？难道学生的评价是为了讨好我吗？一个一个问题在我脑海里回旋，原本刚上完课的轻松感烟飘云散。

课后评课在办公室进行。一杯清茶后，"忠云这节课还是很不错的一节示范课，但是作为一节要参加全国赛教的课，还得下功夫打磨。"一直以鼓励我为主的侯老师娓娓道来。对于我来说，那个"但是"，那个"还得"顿时让我如临深渊。

因为，从2012年参加陕西省课堂教学大赛拿了一等奖后，我就再没有参加教学比赛了，自认为在安康、在学校也算是小语届的老前辈了，也给很多老师指导课，带过徒弟，这样的评课语是我通常讲给别人听的。而那天，就在此时，我也听到了这样的评课语。

唐明霞老师满怀惆怅："这文言文，的确不好上啊。"

侯老师请邱俊老师谈谈看法，邱老师是初中语文教研员，以前同行参加过几次"名师大篷车"活动，但从未听过我的课。邱老师还是首先肯定了我的基本功，点出了课堂中的亮点，提出了四个让我思考的问题：一是文言文的文言统一问题；二是品词析句力度不够；三是指导朗读层次凌乱；四是板书平常没有新意。不管是否对我改进教学有帮助，我都把每一句话、每一个细节都详细地记录下来。当时，我也只是似懂非懂地应答："嗯，是的。有道理，应该尝试。"

洪老师因为下午有课，提前走了。到了晚上，我又在电话里请教洪老师。洪老师在我参加市级赛教时就是我的指导老师，他的观点往往与众不同，但是我比较喜欢，有时我的想法与他的观点还比较一致。肯定和鼓励的话洪老师没有多说，他直接告诉我他看到的问题：课前谈话是否利用"读书"这个话题比较好呢？能看出重视读书，可是教师指导的层次不是很清晰；没有把我激情洋溢、言语飞扬的风格表现出来；感觉课堂的节奏缓慢，没有紧张与松弛的结合；往常幽默风趣、灵活机智的评价似乎还不够。

挂了电话，坐在电脑前，我又把当天的课堂回顾了一遍，打开视频浏览了一遍，把四位专家的话细细思考了一遍，才感到真是"当局者迷，旁观者清"。一度自我感觉良好的课堂却成了问题堆积的课堂，一个思路清晰的我成了一个满眼模糊的我。

面对教学设计，我无从改起。第二天就要去省里向省上专家呈现课堂，晚上只能改改细节了。我抱着一丝希望，一点儿幻想，但愿省上专家能点醒梦中人，指一条阳关道吧！

十四、打破，才能超越自己

我的风格就是不知道怎么改时先不改，明明大家指出了问题，自己也很认同，但是再向前一步真的太难了。大赛就在 9 月底进行，眼看着时间越来越近，按计划要邀请省教科院李琦老师和王林波导师到学校来听课指导，但是刚刚开学，他们都特别忙。李老师的意见是让我把课带到西安讲，她也好召集专家听课，上课地点帮我联系了陕西师范大学附属小学，刚好王林波老师就在师大附小，也很方便。

9 月 5 日下午上完课，我就和市教研室侯曙光老师驱车赶到了西安。我俩一向喜欢聊天论地，那天却少言寡语，因为他担心打扰我。我一遍遍看着教学设计，把课文在心里一遍遍背诵。每逢第二天要上公开课，我几乎都要失眠，就算睡着了也在想课堂，想象课堂上还会出现什么问题，总之不能进入深度睡眠。我突然想到板书可以改成"书"的样子，因为课文讲的就是车胤读书的故事，于是翻身起床，拿出纸笔，把板书在黑板上的关键词摆布成一个书的框架，再用线条连起来就是一本立体的书本。于是，我迫不及待地叫醒侯老师分享我的灵感，侯老师也拍手称快："这个板书比以前的板书灵动多了，且符合文章的主题。"看着在草稿纸上的"板书"，我暗自高兴，这是思考带来的灵感。

第二天早上，我们不到 7 点就起床了，约定的是 8：30 上课，不到 8 点我们就到师大附小了。王林波老师已经早早地在门口等我们，安排老师带我来到了上课教室。因为学生正在早读，我也没有办法和学生见面，就请上课班级的语文老师把教材发给学生，让学生把课文读上几遍。上课的地方是师大附小的录课室，我试了试课件，瞄了瞄黑板，等着考验的到来。

上课时间马上到了，学生坐满了整个录课教室，也来了很多师大附小的老师，李老师邀请的听课专家也在其中，导师王林波和第一排的学生挤在了一起，他这样听课我还是第一次见。

上公开课的场面我经历得比较多，所以我每次上课都有一个信念，无论台下有多少听课老师，无论是教研员还是教学专家，我都"看不见"他们，我的眼里只有学生。按照预定的教学设计，自我感觉达成了教学目标，但是不够流畅，课堂过于僵硬，没有达到我预设的效果。主要是当学生遇到问题时，我抢占先机，直接讲解，没有给学生思考的空间。课堂上对于学生的评价中规中矩，课堂少了乐趣。教学总感觉没有走向纵深，总是在门外游离。还有一个致命问题——超时近10分钟。

课后，陕西省权威的小语专家和教师对我的课进行了研讨指导。师大附小的岳怡、温涛、张明珠老师从自己的教学经验出发，提出了可操作的意见和建议。

特别是导师王林波的指导细致入微，他从导课开始，指出课堂应该优化的教学环节。第一，用文言文进行自我介绍，出示的句子是否符合古文的表达方式有待考证，学生练习用文言文介绍自己，几乎是半白半古，教师也不好给予纠正，毕竟学生初次接触文言文，评价难度较大。建议结合课文的主题从"读书"入手，通过现在的学生都是在灯光下读书，提问古代学生都是怎么读书的，从而导入课题。第二，教师范读过早。对于文言文到底如何读，应该先让学生自己读并发现问题，然后思考如何才能准确地判断读音、断句。教师应该尊重学生的阅读基础，发挥学生的主观能动性。建议以学生朗读中存在的问题为切入点，解决读准、读正确的问题。第三，理解句子教了方法，但应该有层次。建议第一句"扶"，第二句要"放"，这样的课堂就有层次了。第四，语文要素训练不到位。要结合抓人物动作体会人物形象，建议抓住车胤的动作"盛""照书"体会车胤读书刻苦。第五，教师的语言随意。这种大赛的教学语言既要优美精准，还要富有幽默感，这样课堂氛围才能轻松起来。

王林波老师几乎是站在他的角度重新把课设计了一遍，完全颠覆了我原来的教学思路，然而这也是我不敢想，也没有想到的设计。我详细地记录着王老师的建议，并暗下决心回去后一定拿出一份突破自己的教学设计来。

王锋老师、李琦老师主要从理念上给予了指导，尤其强调课堂上的主体是学生，重点是学生的"学"，教师不要强势占据阵地，导致学生学的空间、时间被挤占。建议要注重语言文字训练，找准切入点，在落实语言文字的运用方面要下功夫，实现工具性和人文性的统一。

省教科院齐文化老师已经退休了，但是他的一句话分量特别重，他说："教学是走过程，不是走过场。"过程就是教师如何引导学生学习的过程。老先生还特意强调，教师一定要有自己的立场，这些建议能用则用，不能用就不要强行加塞。

整个研讨的过程我都做了记录，厚厚一本，无论是理念上，还是实践操作上，给我的启发都特别大。研讨让我看到了集思广益的力量，更让我看到原来在自我之外还别有洞天，我相信下一稿的教学设计一定能打破原有的思维定式，离胜利不远了。

我再次打开电脑，翻开自己记录的意见，一遍一遍琢磨专家的意图。我重新进行了教学设计，主要从学情出发，以学生为主体，删繁就简，回归自然，教学目标变化不大，主要调整了教学思路：

第一环节：初读文本引思考。结合学生第一次接触文言文的学情，让学生自己先读，发现问题。学生肯定在多音字的字音和停顿方面出现不同的读法，把思考留给学生。怎么办？启发学生思考文言文与白话文的不同，需要理解后才能读通、读准。

第二环节：自读知意习方法。以首句为例，引导学生看注释、观插图、扩词语进行理解。第二句让学生用学到的方法自己理解，合作交流。如此设计，主要体现教学的层次，由"扶"到"放"，把更多时间留给学生去自学。学生理解了文章的意思，再回归朗读，就能准确判断多音字的读音和停顿了。

第三环节：细读文本诵经典。细细研究文本的两句话，车胤恭勤不倦，主要是通过"囊萤夜读"这件事才体现出来的。于是，我设计了对比阅读，让学生体会通过事例可以把人物的形象写活。再创设情境，让学生化身为车胤，与教师对话，强化主题，心生敬佩，以情诵文，把经典通过声音传导给这个世界。

第四环节：延读拓展重实践。给学生一篇小古文《凿壁借光》，放手让学生自己读懂后诵读，扩大阅读面，也达到了学以致用的目的。

这份教学设计彻底走出原来的设计，其最大的变化是理念的变化。原来的设计老师教的印迹过重，而这份教学设计更重视学生的学，生本课堂的味道更浓。这也是省教科院李琦老师一贯的观点，她希望课堂上多留给学生一些时间，让他们静静地思考，静静地读书。而对于我而言，真是只有打破一个旧世界，才能让他们创造一个新世界。人生最大的敌人不是对手，而是自己，超越自我就是战胜对手。

十五、"磨"出自信

我坚信好课是"磨"出来的，小语界诸多名师都有"磨课"经历。我记得于永正老师曾说过，虽然他的一个课例上过多次，但是每一次他都重新备课，毕竟学生不同，学情不同，要做到心中有教案，上课无教案。意思就是上课要因学生的学习情况随时调整教案，不能因为教案而不顾学生的学习。

这些观点我都明白，也很赞同，但是真正在参赛课上实施真是难于上青天。要做到因学而教就要不断地磨课。磨课便于了解学生的学情，便于熟知在课堂上出现的变故，毕竟一个班级几十个学生，每个学生都是不同的个体，磨课就是在锻炼自己课堂上的应变能力。

随后的日子，我就进入了"死磨硬泡"的阶段。学校四年级平行班有12个，我每个班都讲到，每次都在录课室上，白天上课，晚上回家看自己上课的视频，一边看一遍拿笔记录精彩片段，记录需要调整的教态、导语、评价方式等，第二天再磨，再修改。

9月20日，市里有一个统编教材培训会，侯老师希望我能借此机会先在全市上一次，我爽快地答应了。活动在高新一小进行，我上课的时间是下午第一节课，虽然是练兵，但我当作正式比赛一样对待。高新一小的礼堂坐满了前来听课的老师，很多老师都是熟悉的面孔。因为我在安康上过的公开课很多，大部分老师都知道我上课的风格，属于激情四射、大气磅礴的类型，所以这次老师们都想看看这些年我的课是否发生了一些变化。

课上，因为学生第一次接触文言文，读音错误、停顿不一等问题一大堆。听课老师都着急了，等着看我如何处理。而我，丝毫没有因为学生出现问题而慌乱，反而不急不躁，这一点和我以前的教学风格完全不同。

正当学生感到纳闷时，我告诉学生这很正常，文言文的读法和白话文有所不同，需要我们理解后才能读通、读准，为了能读好，就得理解文意。教给学生理解句子的方法，学生通过同桌交流，互相合作完成。因为掌握了方法，学生便能大致理解句子的意思，再来读文本，学生把多音字的"盛""数"也读准了，也能根据意思断句了。学生慢慢体会到了学习的成果，但是如何才能读出古文的味道，还需要深入文本。和着古曲，学生的诵读越来越有感觉，最后甚至能把现场的老师带入情境中，带回到1600多年前那个夜晚。随着学生精彩的诵读，课堂达到了高潮，听课老师的疑虑也烟消云散。整节课淳朴、自然，学生的成长和变化看得见，而我也觉得特别轻松，无疑我和学生都享受了教与学的快乐。

铃声响起，课堂收官，全场报以热烈的掌声。这节课给所有听课教师留下的印象就是变化，说我的教学和前几年相比变化太大了，原来那么高亢的课堂今天也变得如此静谧。其实我知道这是大家对我的褒奖，事物总是在发展变化着的，人也应该在成长中变化，否则就会被时代淘汰。

有人说我上课看起来总是那么轻松、那么自信，其实轻松和自信的背后是数不清的苦和累。要自信地站在讲台上，就必须磨炼自己，就要像竹子那样"千磨万击还坚劲，任尔东西南北风"。

离比赛越来越近，学校的四年级学生"磨"完了，我又联系了几个周边学校去磨课。虽然每一次磨课都是一种煎熬，但我更享受磨课后的春风得意，因为我相信"梅花香自苦寒来"，我相信"操千曲而后晓声，观千剑而后识器"。磨课，"磨"出了我的自信！

十六、国赛课上的"脱贫"

9月的兰州天高云淡,两年一届的小学语文最高赛事将在黄河之畔的兰州大学举行。为了给我加油鼓气,王斌校长亲自陪同我前去参赛,安康市教研室的侯老师、唐老师一同随行。省教科院李琦老师更是时刻挂念着我,电话里交代了又交代,叮嘱了再叮嘱。

其实这样的大赛我每一届都比较关注,不是去现场观摩就是网络观摩,但是这次与以前就截然不同了,我将由一个观众变成"演员",身份的转换令自己感到又激动又紧张。因为今年各省份推荐的选手全部执教统编教材中的新课文和新栏目,而统编教材将在2019年9月全面推广使用,这次大赛就是一次探索成果的展示,所以备受媒体和全国小学语文教师的关注,到现场观摩的人数也达到历史之最。

我被分在B组,抽到了第六的节次。29日活动正式开始,因为我的课在下午第三节,早上就在台下听了三节课,最大的感受就是国赛的水平就是不一样,这些学生从未与上课老师谋面,仅仅课前的5分钟,选手就能迅速调动学生的积极性,准确把握学情。这些选手的基本功个个一等一的强,板书遒劲有力,教学机智过人,设计巧夺天工,评价精准幽默,学生们在这些老师的课堂上学习,幸福感、快乐感、轻松感油然而生。什么是好课?我觉得不仅学生喜欢,学有所获,而且听课教师也喜欢。听得高兴,听得轻松,听着是一种享受,就是好课。

时间过得很快,下午第三节就该我上场了。提前半小时我就来到了后场等待,王斌校长和侯老师陪着我,能看出他们也很紧张,毕竟我代表的不仅是自己,还有学校,更代表了陕西。他们一会儿让我理理头发,一会儿让我捋捋衣服,这一刻我也紧张无比,不断调整自己的呼吸,表现出冷静和镇定来。因为我上的这一课,最头疼的就是学情难以把握,四下的内容要让四上的学生来学习,对于学生来讲相当于跳跃式的学习。

随着主持人的宣布,我终于站在了这个在梦里反复出现的舞台。对于课前交流，我依然通过文言文的句式自我介绍，介绍时特意"摇头晃脑"，引导学生用文言文的句式介绍自己的名字和爱好。孩子刚开始还有点儿懵，但在第一个孩子发言后，便踊跃发言，争先恐后地用文言句式介绍自己，引得同学们和听课教师哄堂大笑。这时，我觉得目的达到了——学习必须在放松的状态下进行。

开课之后，因为我有多种预设，又有多种策略，学生从读不通、读不准，慢慢地找到了读文言文的窍门，我也明显看到了孩子们在朗读上的变化，这已经是成长的课堂了。我把更多的时间交给孩子们读书、交流、思考、分享，学生们掌握了读懂文言文的方法，车胤这个人的形象逐渐在同学们的心里丰满起来，课堂如行云流水，浑然一体。为了创设情境，引导学生学语言、用语言，我设计了表达练习：如果你就是车胤，你为什么要囊萤夜读呢？我开始与学生对话。

师：车胤啊，你们家连灯油都买不起了，还读什么书呢？
生：不行，我一定要读书，只有读书才能改变命运。
师：你是有志向的车胤啊！
师：车胤啊，那微弱的荧光多伤眼睛啊，别读书了！
生：不行，再微弱我也要坚持读书。
师：这是有毅力的车胤。
师：车胤啊，整夜整夜读书累不累啊？
生：不累，因为只有读书我才能脱贫。

当这个学生回答车胤读书是为了脱贫时，台下一阵掌声响起，我也有点儿懵了。我试讲了近20次，从来都没有学生这样回答。我一时语塞，随口评价："你很有志气！"其实我的预设是，车胤读书看起来是因为家里贫穷，其实他酷爱读书与父亲的教育有关，"学而优则仕"的思想影响着他。我给学生的资料铺垫，也是为了引导学生体会车胤读书志在为国家做贡献，但是当时"脱贫"这个具有时代感的词语打乱了我的思维，评价引导欠火候。

但是我并没有因为出现这个意外而乱了阵脚，而是抓住机会进行小结升华。

随后的指导诵读、拓展阅读环节都有条不紊，学生学习的气氛也随着一句"脱贫"更加放松，课堂上的主动性、积极性、自主性越加突出。随着下课铃声响起，台下所有老师自发为孩子们鼓掌。

这一节课无论评委会怎么看，我已经非常满意，对于我而言已经达到了极致，有一个明显的标志就是：上完这节课，我竟然没有出汗。我是一个爱出汗的人，特别是在舞台灯光下，要是紧张或者慌乱，就会内火攻心，额头、背心、手心会直冒汗。而那天，在全国大赛的舞台上，我竟然感到如此轻松。满意的不仅是我自己，随行的听课教师都觉得很不错。

大会结束时，中国教育学会小学语文教学专业委员会副理事长柯老师也提到了我这一课，和我之前的自我反思如出一辙，就是在指导学生理解车胤为什么而读书时，站位还不够高，还需要有大志向、大胸怀。他提到统编教材的变化之一，就是让学生受到优秀传统文化的熏陶，从小有大志向、大抱负，所以如果仅仅引导学生"读书只是为了摆脱贫困"还不够。

的确如此，但是课哪有十全十美的？这个遗憾也许将成为追求理想课堂的动力。正如罗曼·罗兰所说："你那累累的伤痕，都是你成长的足迹。"课后，有老师问我："如果下次上课还有学生这样回答，你会怎么评价？"我一定会这样评价："读书为了脱贫只是第一步，还应该有更高远的志向，应该向古代君子学习，读书为天地立心，为生民立命，为往圣继绝学，为万世开太平。"

这就是语文课的魅力，你永远也不知道在课堂上会发生什么，正因为这样，我更加喜欢语文，因为我期待着邂逅更多的回忆。

十七、比实践更重要的是反思

比赛结束了，但是语文教学追求之路又是一个新的起点，我趁着热锅下面，写了教学反思《落实"三贯通"教好文言文》。

《囊萤夜读》是统编版小学语文四年级下册第七单元第 21 课《文言文

二则》中的第一篇。统编版小学语文教科书从三年级开始已经涉及文言文，三年级上册第 24 课安排了小古文《司马光》，三年级下册在第 5 课安排了文言文《守株待兔》，四年级下册安排了《文言文两则》。从编者意图来看，要引导学生从小感受文言文的特点，学习读懂文言文的方法，感受中华民族悠久的文化，传承经典，发扬国学。因统编语文教材今年刚使用至三年级，现在的四年级学生在过去的教材中从未接触过文言文，所以这是学生学习的第一篇文言文。

文章节选自《晋书·车胤传》，全文 33 个字。为了准确把握编者意图，我购买了《晋书》全套共 10 册，详细阅读了《车胤传》全篇。

根据统编教材"双线并行"的编排设计，结合单元人文主题和语文要素，本课把通过看注释、扩词语的方法读懂文言文，体会通过具体事例凸显人物优秀品质的写法作为语文要素训练点，把体会车胤勤学的人物品格作为人文要素，落实立德树人。

在教学设计上，我主要考虑了以学定教，兼顾编者意图，通过课后题定位教学核心目标。主要有三点思考：

一是把"诵读"贯穿始终，落实教学核心。

温儒敏教授讲在如何教文言文时指出，诵读是学生学习文言文基本的又是最重要的环节与手段。对文言文来说，通过诵读知其大意，能对文章的文气和语感有整体的感觉，这是基础。他建议文言文少一些串讲，少一些活动，不一定要"先译后背"，也不一定"字字落实，句句翻译"，而应把更多时间交给学生诵读。

因为这是学生接触到的第一篇文言文，要达成诵读这个目标，不能一蹴而就，要循序渐进。我们可以看到，影响学生朗读的主要问题是字音问题和断句问题。教师拿到这篇课文，也不能迅速而流利地进行朗读，说明文言文和白话文有区别，所以我的第一板块设计就是让学生自读并发现问题，引发学生思考，激发学生探究的兴趣，进而引导学生理解文本，读准字音和停顿。我明显地感受到学生的诵读由磕磕绊绊到通顺流利，再到读出文味。虽然离完美诵读的标准还有一定的距离，但是能看到我尽力地在朝诵读的方向努力。为什么不是先读好再理解、朗读呢？我的依据是课后题，课后第一题是要求借助注释，理解课文中每句话的意思，再正确、流利地朗读课文。

中国教育学会小学语文教学专业委员会理事长陈先云老师指出，统编教材要落实"六种意识"，其中之一就有文体意识。那么文言文的阅读教学应该区别去于其他文体的阅读教学，最大的区别在哪里呢？应该有两点：一是读出文言文的味道，二是体会文言文的表达特点。

二是把"方法"贯穿始终，落实学以致用。

新课程倡导新的教学方式和学习方式，新教材更应该尝试符合新时代学生的学习方式。在信息爆炸的今天，我们每个人每天都在获取海量信息，分析、整理、吸纳有效的信息，肯定需要方法指导。也就是学什么、怎么学，比教什么、怎样教重要。怎么学，也就是激发学生的学习兴趣，启发学生如何学习。

基于这样的思考和学生的学情，这节课我把指导学生掌握读懂文言文的方法作为重点语用训练。整体设计按照"先扶后放"的理念，通过阅读选文第一句"胤恭勤不倦，博学多通"，引导学生看注释理解。那么没有注释怎么办呢？编者在课后题中就设计了：照样子，根据课文内容填一填。其中给的例子"倦"就是"疲倦"的意思。从编者意图来看，除了借助注释以外，这篇文言文还要引导学生通过扩词语的方法来理解。大家都知道文言文的词语都是单音节词，而我们的阅读基础和阅读语感有很多是双音节词。因此，把单音节词扩展为双音节词，更符合学生的阅读基础，学生更容易理解文本。这可以说是学生学到的干货了。

统编教材教学还有一个重要的理念，就是注重让学生在真实的语文教学活动中学语文、用语文，让教学真实地进行。教学不是表演，教学是展现学习的过程，不是走过场。所以，在学生掌握理解方法的基础上，放手学生自学第二句。通过给时间自学、同桌交流、汇报展示这些环节，充分尊重学生的阅读感受和阅读理解。这里，我要解释的是，我并没有特别强调学生精准地理解，能大致说出句子的意思即可。一是基于学生学情的考虑；

二是毕竟课文内容离学生的实际较远。因此，我设计了表达训练，让学生进入情境，想象理解，既是思维训练，也是语言表达训练。

三是把"读书"贯穿始终，落实课外延读。

统编教材的特色是什么？就是读书为要。使用新教材，必须重视学生的阅读量。除了教材设置的独立的读书板块以外，每篇课文如何拓展读书呢？统编教材总主编温儒敏教授指出，可以通过实施"1+X"的办法，即每讲一课（主要是精读课），就附加若干篇同类或者相关的作品，让学生自己去读。

《囊萤夜读》恰好讲述的就是读书的故事，课前让学生通过"吾乃陈氏之子，尤以读书为乐也"猜测老师为什么喜欢读书。引导学生感受读书的乐趣，激发学生热爱读书，养成好读书、读好书的习惯。

课文节选自《晋书·车胤传》，想了解车胤这个人，仅靠文中两句话还不够全面，于是我买了《晋书》共10册，《车胤传》在第7册，展示给学生的目的在于要善于读书。

车胤为什么善于读书？首先是他有良好的家庭教育，从小他的父亲就特别重视培养车胤。其次是车胤通过读书获得自信，博学多通，报效国家。让学生通过角色体验，感受车胤勤学苦读的美好品质。更重要的是以古人读书为榜样，用读书陶冶情操，感染心灵。

在课堂中，我引入和《囊萤夜读》具有相同特点的小古文《凿壁借光》，让学生自由朗读，既是学以致用，又是落实"课内+课外"阅读的具体表现。课后推荐小古文《孙康映雪》《江泌映月》亦是如此。

"学然后知不足，教然后知困。"每次上完课，我都会发现和上课前预设的有一定的差距，教学中也还有诸多问题的处理有待优化。没有完美的课堂，但是我会始终走在追求完美课堂的路上。

读万卷书还须行万里路，这次参加国赛的经历，让我收获颇丰。我接受了前所未有的挑战，特别是在理念上，一个人的思想决定了教学的高度，一个人的认知视野决定了成长的宽度。华山论剑方知天外有天，人上有人。人生成长最高的境界就是超越自己。但当你超越了现在的自己时，你就会发现一个未来的自己在等待着你，这也许就是人生的意义所在。这次参赛，我遇到了生命中的贵人，得到了单位和领导的全力支持，更结识了全国各地的优秀语文教师，让我大开眼界。分享和记录这一次参赛的经过和这一节课的成长，只为感恩给予我帮助和指导的专家，只为献给曾经努力的自己！

做一名有"梦"的语文教师

我的梦想就是带领孩子们轻松、快乐地学习语文,成为孩子们学好语文的引路者,把语文课堂变成充满趣味、充满欢笑的乐园,让每个孩子都因学习祖国的语言文字而感到自豪!也许这一直都是个梦,但我永远都在追梦的路上……

一、寻梦:我成为一名教师

"小时候,我以为你很美丽……长大后我就成了你,才知道那个讲台举起的是别人,奉献的是自己……"听着这首熟悉的旋律,我就情不自禁地想起儿时的梦想,长大后成为一名教师。2000年9月,带着美好的憧憬,怀着激动的心情,背着沉重的行囊,我踏进了师范学校的大门。

临近毕业,中专师范生不分配的噩耗如重锤击小瓶般把我的梦想破灭了。就在这时,安康市第一小学向我伸出了橄榄枝,带着激动、疑惑、期盼和等待,我走进了安康市第一小学,成为一名语文教师。

二、筑梦:要做一名合格的教师

走上讲台的第一天,我摆出一副老先生的架势,津津有味地给孩子们上课。可没想到的是,我大声讲,学生们小声讲;我声情并茂,学生们却无动于衷。一天，两天……一学期下来，我终于明白，原来在学校里所学的理论和实际教学是有差别的，我也明白了当一名老师容易，当一名好老师真的不容易。为了当好老师，我开始找原因，想办法，分析问题，总结教训。之后的日子里，我在同事们的帮助下慢慢地找到了教育教学的规律，开始懂得教学是需要设计的，备课是需要研究的，上课是需要用心的。记得我第一次参加学校的公开课教学讲的是《富饶的西沙群岛》，我精心设计，巧妙构思，还加上了精美的课件，本以为会在全校老师面前大放异彩，可与其他老师的课一比，我的课顿时就黯然失色。一时的失败，并没有打消我的自信心，反而激发了我要上好语文课的斗志。于是，阅览室成了我的常去之地，教材成了我的常看之书，同事成了我的长拜之师，公开讲课成了我的家常之饭。就是如此，我每一学期都要在学校里上公开课，每一次公开课之前都要反复试讲。办公室同事们一遍一遍聆听，一个一个提出修改建议，我再一次一次研究，最终把大家的智慧融汇成一体，"磨"炼出高效的课堂。

三、启梦：为自己的成长点赞

学校就是一个大舞台，我要在舞台上展示最美的自己。在不断学习、请教、研究、探索的过程中，我慢慢成长起来了，教学受到了学生们的欢迎，得到了同事们和校领导的认可。2007年4月，我非常幸运，要代表学校参加安康市首届阅读教学大赛了。确定课题后，校长、教务主任和语文教研组组长，抽出宝贵时间细心听我的课，耐心地指导我。我清楚地记得当时我讲的是北师大版教材《草帽计》，一次又一次试讲，一遍又一遍修改，我无数次想要放弃。在一次又一次磨课中、研究中、思想的碰撞中，我在悄无声息地成长着。

在全市首届阅读教学大赛的赛场上我以稳定的发挥、精妙的教学过程、机智的课堂处理夺了一等奖第一名。如果说这次大赛让我讲好了语文课，那么专家的评课才是让我更加热爱语文、更加痴迷语文教学的动力。我记得当时的评课专家是安康小语届的知名人物,他姓谭,是我们组的评委组长,负责点评我的课,他的评课稿至今我还收着。评课中,他说:"陈忠云未来5年将是安康小语届的一颗新星。"谭老师的点评让我兴奋不已,让我对上好语文课更有信心,让我对语文课的热度保持到了现在。

四、叙梦:那些铭刻于心的画面

经历是成长的催化剂,因为经历了太多难以忘怀的情景,所以我的成长中增添了很多值得回味的故事,一个个生动、活灵活现的画面时常出现在我的眼前,让我的故事更有味道。

(一)送教下乡,让我学会了关注学情

我时常周末跟随教研机构的专家、教研员去乡下的学校上课。起初,我把下乡上课不放在眼里,但是那一次上课,让我终生难忘。记得那是送教到一个偏远的乡镇,原计划 40 分钟的课一个小时都没有上完,听课教师窃窃私语,而我也紧张得满头大汗,课堂死气沉沉。为什么会这样?因为我的预设完全是按城里学生的学习情况备课的,忽略了农村与城市孩子的差别,课上的导语、评价语在农村孩子们身上毫无作用。也就是这样的经历,让我在以后的备课中,总是站在学生角度去思考,去设计教学环节。现在,我面对不同环境中的孩子上同一节课会有不同的设计。学情决定了教学,所以我上课总会站在孩子们的角度去思考,时常把自己想成孩子,想成知识层次不一、生活环境不同的孩子。经常出去上课,总有老师很关心地问道:"陈老师,我给您挑个好班,好吧?"我总是回答:"谢谢,不用!"不是我不需要好学生上课而是因为学生早已装进我的心里。

(二)能手赛教,让我学会了解读教材

如果说我经历了语文教学成长道路上的酸甜苦辣,教学能手的赛教可以算得上是"苦"和"辣"了,"苦"是因为要下苦功夫,"辣"是要承担无穷的心理压力。

　　2011年，陕西省停办了10年的教学能手赛教重启，这既是机遇也是挑战。我报名参赛了，参赛的具体要求是不定年级、不定教材、随机抽课，不允许带任何和教学相关的书籍和电子设备进入备课室。这些全新的要求真的让我不知所措，因为之前从未进行过这样的赛教，后来老师们把这样的赛教称为"裸赛"。于是，三至五年级的课本、教参、教案成了我手中每天熟读的书本。临近市级选拔赛，那几天晚上时常半夜醒来，有时候想一个教学环节几个小时也睡不着。市级赛教时，我抽到了《月光曲》这篇课文，太幸运了，我内心窃喜，因为这一课是我上过的公开课，教学设计早已烂熟于心，从备课、说课、答辩、上课我一路畅通，最终拿到了小组第一名的好成绩，成功晋级省级赛教。

　　当时是4月底，离省级赛教还有两个月，那两个月每天都感觉度日如年，因为是第一次赴省参赛，我无法形容自己内心的压力有多大，但我只能成功不能失败。为了成功，我几乎把三到五年级的精读课文都背了下来，给每篇课文都准备了教学设计，给每篇课文都做了课件。白天上班，在同事面前、在学生面前努力表现得从容淡定。晚上回到家，坐在电脑面前一坐就是五六个小时，把名家的教学视频一遍又一遍地观看，把教学设计一遍又一遍地演练。那样的过程我觉得跟高考备考一样辛苦，但想想领导的期望，想想同事们的期待，有时候累了伸个懒腰继续，有时候困了掐掐大腿继续。我每天都在期盼时间能过得快点儿，就在这短短的两个月时间里，我读了两年应该读的书，写了两年应该写的字，说了两年都说不完的话。就这样，教材融进了我的心里，每篇课文的设计、构思、教法和学法在脑海里扎根了。省级大赛我抽到了四年级的《乡下人家》，备课、做课件我用60分钟就完成了（规定90分钟）。走进课堂，孩子们告诉我这一课那天都有四位教师上课了，我是第五位上这一课的老师。听到这样的话也许很多老师都会沮丧，然而我却自信十足，因为备课时已经想到了这一点，而且我的设计肯定和其他老师不一样。因为每位教师对教材的解读是不同的，我深信我的解读是独到的。不出所料，我独特的课堂教学设计、幽默的课堂教学语言、从儿童视角出发的文本解读，极大地调动了孩子们学习语文的积极性，得到了评委的一致好评，我拿到了94.4分。经过半年多的付出与努力，我在获得高分数和"教学能手"称号的同时，更多的是专业能力成长了。

（三）经历大赛，让我学会了冷静思考

2012年3月，我执教《中彩那天》一课在安康市第四届阅读教学大赛上荣获特等奖。之后，我要代表安康参加陕西省第三届小学语文课堂教学观摩研讨会，这是继教学能手赛教后又一个大型的教学比赛。当然，这个比赛基本属于展示课，可以提前打磨。但是比赛是公平的，每一位选手都充分准备。怎样让自己的课堂更具有吸引力？除了不断磨课，还有一个做法让我受益匪浅，就是上课的时候邀请各年级的老师前来听课，听课后进行互动交流，每一位教师针对课堂的呈现提出一个问题，我要根据教学设计和教学过程做出回答，这样的互动不仅历练了我驾驭课堂教学的能力，还能反思教学的不足。经过这样的几个回合，我在课堂上更加游刃有余。在陕西省第三届阅读教学大赛的会场上，我抽到了上午最后一节，很多听课教师都准备退场了，然而我的登台，让会场的气氛又一次热烈起来，因为课前交流时我唱了一首陕南民歌，吸引了观众、评委，更吸引了学生。课堂上清晰的教学思路、机智幽默的评价语、灵活多变的教学方法让观众和评委眼前一亮。成绩出来了，我排在总成绩的第二名，拿到了本次大赛的一等奖。

因为第一名才能代表陕西参加全国第九届小学语文青年教师阅读教学观摩活动现场上课比赛，所以我只能代表陕西参加这次活动录像课的比赛。我准备得非常认真，提交了一节习作课《场面描写》，然而结果让我觉得一切的付出都是徒劳的，我得了二等奖。因为只有一等奖和二等奖，所以得了二等奖就是失败了，对于我这个富有激情的人来说，现场赛课可能更擅长，录像课总觉得是在表演，自己总是不能全身心投入。也许我是为自己找借口，但是这样的机会真的来之不易，我不仅代表的是个人，而且是陕西省，伴随我的是失落、沮丧、无地自容。心里总是在想，这可能成为我语文教学参赛的尽头，一段时间我都走不出自我的压抑。当时，王林波老师仿佛明白了我的心思，不断劝解、鼓励我。记得他对我说："没什么，很多名师、教育专家，他们参赛都失败过，重要的是能从失败中总结经验，走出失败的阴影。"有人安慰，也让我心宽了很多，但是事后细想，我对语文教学的热爱不能因名利而终止、而冷淡，若那样，我岂不是自己看低了自己？所以，追求自己热爱的事业，挚爱我的语文课堂，这就是我人生中最大的成功。

五、追梦：做儿童阅读的守望者

回顾自己的语文教学经历，我时常对自己说的一句话就是："语文老师的作用不是教语文，而是教会孩子学会读书。"可能有很多同事会反对我的说法，但是对于多读书、会读书的孩子，语文真的不用教。从 2012 年开始，我就在语文课堂上尝试推进孩子们的课外阅读。最初，我每节课只上 35 分钟，开课前 5 分钟给孩子们读书。那时我带六年级，第一学期读中国名著。一开始我给孩子们读，每节课我都会选择四大名著中经典的故事读给他们听，读得最多的是《三国演义》。不到两周，孩子们都拿着《三国演义》读。从白话版读到了原著，学生兴致极高，一学期下来四大名著被同学们"一扫而尽"。第二学期开始读外国名著，列夫·托尔斯泰、雨果、莎士比亚这些知名作家成为孩子们的朋友。当时，我带的是毕业班，有人担心会影响孩子们的成绩，而我一直坚持着。我一直认为读书对人的影响是无声的，可能一时没有效果，但长期坚持肯定效果不凡，孩子们到了中学，不仅是语文成绩，各科成绩都会明显提高。让孩子们阅读课外书，不仅培养了孩子们读书的兴趣，而且他们更加喜欢我这个老师，期待我的语文课了。

作为一名语文老师，我们明白课外阅读的重要性。2014 年，我开始带一年级，有老师总是问我："你有什么方法让一年级的孩子那么安静地听课？"我说我有一个重要的方法就是课前给孩子们读书。一年级的孩子们天真、可爱，我开始给他们读一些绘本小故事，后来给他们读杨红樱写的《淘气包马小跳系列：忠诚的流浪狗》。读这本书我用了两个月的时间，每节课读上一个片段，没想到孩子们像是看电视剧般上了瘾，每节课都在期待着我给他们读书。一时间孩子们手中拿的都是杨红樱的作品，仅一年时间，就有同学读了十几本书。二年级，我给孩子们读了法国作家安托万·德·圣－埃克苏佩里写的《小王子》，丰富的想象让孩子们像着了魔一样喜欢，就连下课了还有同学和我交流书中的情节。

对于低年级孩子的阅读，我没有给孩子们施加任何压力，喜欢就去读。我力求做到的一点就是让孩子们觉得读书有趣，想读书。做一件事很容易，但永远做着同一件事不容易，拓展课外阅读这件事我用跑 10 千米越野赛的毅力做了 8 年了，也许后面的路还很艰难，但是我会一直在语文课堂上做一个课外阅读的守望者，守望孩子们阅读的快乐和幸福。

从走上讲台，讲校内公开课到参加市级赛教，走向省级大赛并在全国获奖，一路走来，我的荣誉越来越多，可我清醒地认识到追求荣誉不是最终的目的，追求荣誉是为了促进教学。作为一名语文老师，我不断地尝试进行课堂教学的改革，为孩子提供愿意学、轻松学、快乐学的语文课堂。我也不断地进行实践，努力将课堂交给孩子们。做一名语文教师，我觉得我已经成功了，可做一名优秀的语文教师我还远远不够。路在脚下，心在远方，因为有梦，我所追求的"童趣语文"的脚步就不会停下。

因为师父 爱上语文

人生若遇贵人,命运曲线必然非同一般。遇见我在语文教学上的师父,就如同遇见了我永恒的春天,让我的成长焕发出勃勃生机。因为师父,我看到了小学语文教学的"桃花源",体会到了做一名小学语文教师的幸福,更形成了"为语文而乐教"的价值观。因为师父,我与语文成了亲密的伙伴,无论经历了多少次的遇挫、坎坷、失败,我与语文仍然不离不弃,始终挚爱如初。

师父是学校一位普通的语文教师,在学生眼里她却如"神仙"一般,因为没有她解决不了的问题。学生之间的矛盾、学习上的困扰、生活中的烦恼,到她哪儿都能迎刃而解。特别是一些不喜欢学语文的学生遇到了她,那就是最大的幸运。在我们语文老师眼里,她更加特别,感觉学校就是她的家,教学就是她的事业,永远那么充满干劲儿,时刻传递着正能量。学生们喜欢,家长们信任,同事们羡慕,这应该是我最初见到师父的印象。

第一次与师父近距离接触是 2006 年,那年我们同在五年级组教课,因为学校有师徒结对的传统,像我们这样刚参加工作的教师都配有经验丰富的优秀教师带我们。那时才知道,师父最早是民办教师,在乡下还教过三年初中,通过自己的努力考上了师范学校,因在师范学校学习成绩优秀而留校任教(那时我们学校还是师范学校附属小学)。在年级组里,师父带的青年教师较多,我是其中一个。因为师父年长,对待我们就像自己的子女一样,她和蔼亲切,平易近人,我们都以"姨"或者"妈"尊称她。

回想刚走上讲台那几年的教学，我只能称自己为知识的"搬运工"，先从教学参考书上学习理解，然后借鉴优秀教案，把知识、方法传递给学生，就像机器人一样，没有自己的思考，也没有考虑学生的感受，那样的语文课自己上得干瘪，学生听得乏味。我把这样的感受跟师父交流了后，她没有给我讲任何理论和方法，而是让我先听听她怎样上课。那天我走进了师父的课堂，她上《十里长街送总理》。课堂上我竟然忘记自己是来听课的了，被她那深情的讲解、巧妙的引导、幽默的评价、机智的处理所吸引，好像自己也成了一名学生，享受着学习语文的乐趣，一节课是那么短暂。真是不比不知道，一比吓一跳。我的语文教学程序化、机械化、模式化，而师父的语文教学是艺术化，这种艺术不仅在于教学艺术，还在于人格魅力。课堂上她的一言一行、一举一动、一颦一笑都达到了教育的效果。从那时候起，我便下定决心跟着师父学习。

　　学习是从备课开始的，备好课是上好课的基础。师父的备课从不抄教案，而是通过学习理解，把教学参考书上的话转化为自己的语言，这样的语言学生易懂、爱听。她备课最大的特点是在教材上标注，翻开她的语文课本，里面记录得密密麻麻，还有各种有趣的符号，只有她自己明白每种符号代表什么意思。她说从开始当老师起，就养成了在语文课本上备课的习惯，上课从不拿着教案走进课堂，心里却时时装着教案，这一点就令人很佩服了。我那时上课经常带着教案，按照教案上的设计进行教学，一心想着教案，却忘记了学生学习的感受。师父说，上课要做到"心里有案，手里无案"。要达到这样的备课境界，只有做到研读教材，熟悉教材，不断积累教学案例，才能逐渐靠近目标。受到师父的影响，我上每一课之前都把课文一遍又一遍反复读，有时要出声朗读，有时还把课文在笔记本上抄写一遍。师父说"熟能生巧"，课文熟悉了，讲课慢慢就能讲好。现在想想，真是大道至简。小学语文教学的泰斗于永正老师，他备课的方法就是首先把课文背诵下来，连一个标点符号都不能出错。

　　小学语文教师不仅要会上课，还要会批改作业。原以为批改作业就是个"对与错"的问题，跟着师父学习才知道作业批改的学问很深。师父说，作业批改是间接的师生互动，你的一个符号、一句评语，都是对学生最好的教育。师父批改作业，红笔在手里轻轻几扭就是一朵"红花"，一面"红旗"，一颗"五角星"，一个"大拇指"。我也跟着学，一开始在废旧报纸上练习，熟练了就在学生的作业本上实践，没想到功效极佳，学生写作业的规范程度、美观程度大大提高。尤其是一笔画成"五角星"，我现在还在使用，这个小技巧学生羡慕不已。这些都还不是师父批改作业时最拿手的好戏，最厉害的就是她能用批改的方式激励学生。我的办公桌和师父的办公桌相邻，她班里的情况我也比较熟悉。五年级第二学期，她班里来了一位从外地转学来的学生，由于是农民工子女，父母在哪儿打工他就在哪儿上学，频繁转学，孩子的学习基础非常薄弱。我记得他交上来的第一篇作文只有三行，还有七八个错别字。当时我就在想，换作我肯定要他重新写，而师父给他改了错别字，还给他写评语，评语写了五六行，大概意思就是相信他一定能越写越好。师父还把那学生叫到自己身边来，我以为她会大发雷霆，一阵批评，但是师父却搂着那学生的腰，轻言细语，不急不躁地给他讲应该如何如何来写。到第二单元交作文时，那学生已经能写出半页了，虽然其他同学都能写出两页，但是师父还在他的作文本上批注着："进步很大，得分95。"事后，我很疑惑，找到师父，问为什么那样的作文还要给出95分呢？师父笑了，说："小陈，你想给多少分就是大笔一挥那么简单，而对于学生不一样，那分数代表了他在老师心中的地位。"那时，我还是似懂非懂的，后来读书才知道师父用的是"皮格马利翁效应"，就是相信孩子优秀，他就一定能走向优秀。后来，那孩子真的进步越来越大，不仅那个孩子，她班里的学生一个赛一个优秀，而且都特别阳光自信。所以，批改作业里的学问多着呢。我现在使用的面批作业就是师父教的，课堂作业当堂完成当堂批阅，孩子们特别愿意亲眼看到老师给他的作业画上一面红旗，写上一个优，这样的批改方式极大地提高了学生写作业的效率，关键是学生喜欢这样的方式。

逐渐地，我从师父那里取了不少真经，学生慢慢开始喜欢我，喜欢我的课堂。可我的教学水平还是没有太大的提高，师父告诉我有一个捷径，就是参赛。2007年，我报名参加安康市举办的首届阅读教学大赛，报名时意气风发，可真的定了让我代表学校参赛后，我还是感到心虚不已。我找到师父，师父笑了，说："不要怕，学校有强大的团队帮助你。"于是，我开始查资料，写设计，做课件，费了九牛二虎之力终于把课备好，开始了我的第一次试讲。在这之前，我从来没有经历过试讲，平日上课准备好就上，谁还试讲？在我看来，试讲多此一举。试讲之前，我跟师父约了时间，到试讲那节课，教室后面坐了一排人，阵容的确强大，有主管教学的副校长、教导主任、语文组长、同年级的老师。因为没有经历过，我凭着"初生牛犊不怕虎"的架势把课上完了。本以为万事大吉，就等着上赛场了，没想到那才是煎熬的开始。课后，听团队依次评课，具体什么内容已模糊不清了，大致意思是这水平要到市里比赛可能会出丑，更不能代表学校的语文教学水平。那一刻，我感觉天都塌了，恨不得把脸捂起来。师父始终没有说话，等大家都评完后，师父说："小陈，不要着急，放学后，我再给你详细说。"放学后，师父把语文教研组组长也留了下来，两人把我的课存在的问题逐个理了出来，从思路不清到评价不准确有大大小小20多个问题。那时，天已黑，我以为师父会让我回去把这些问题再想想，好好改改教学设计，谁知师父却说："小陈，我们帮你重新把教学设计梳理一遍。"于是，我拿出了稿纸开始记录。师父先给我梳理出教学的大环节，又在大环节下一条条梳理小环节，然后把各环节的导语、小结语言一句一句帮我推敲。经过近2个小时的时间，终于完成了教学设计，和第一次的教学设计一对比，完全已经不是自己的教学设计。那时已经晚上9点钟，我们都还没有吃晚饭，师父交代我明天按照修改的设计再试讲一次。我们从漆黑的校园离开，这次，我看到了师父对待我的认真，这种认真超乎了我的想象。帮着我改，陪着我饿，我岂能辜负了她的付出？回家后，再看教材，又琢磨修改后的教学设计，慢慢领悟这样设计的意图，最后再把教案背下来。

　　第二天试讲下来，师父的表情要比第一次试讲结束时好看许多，她说我的教学思路清晰了，但是教学语言太随意，杂乱无章。到下午放学后，她让我拿出教案，把教案中凡是我说的话全部用红笔画出来，一句一句地修改，一句一句给我示范，特别交代上课语言要抑扬顿挫，要自然干净。

示范结束后，她让我一句一句过关。她教给我了一个特别实用的方法，教案要手写，把凡是自己在课堂上要讲的话用红笔写，这样醒目，便于记忆。

按照师父教的方法，我回家开始手写教案，一写就是十几页，虽然累点儿，但是效果不错，这也就是"眼过千遍不如手过一遍"的道理吧。就这样儿，我几乎每天都要试讲，师父每节课都要听。我越讲越找不到感觉，一个问题解决了，另一个问题又冒出来了。有时候试讲到课中，我一看师父严肃的神情，心里就发毛，结果是越讲越乱。课后，我把恐惧的心理给师父说了，师父给我支了一个现在都受用的高招："上课的时候眼里只有学生，不要看除学生以外的任何人。"后来，我尝试着不看听课人的脸色，全心全意地上课，果然要好很多。

试讲美其名曰是磨课，而对于那时的我简直就是"魔鬼训练"。当我把平行7个班都试讲完了以后，本以为可以完事了。谁知师父又让我从一班再来一遍，理由是教案都改了无数次了。没有办法，我只有硬着头皮上。我那时觉得师父好残忍，为什么如此绝情，为了试讲，我一个大小伙子抹了好几次眼泪。有一次试讲完，我自己都觉得没有前几次讲得好，直接想撂挑子。师父却不断地给我举例子，说著名特级教师的课都是经过千锤百炼才成为大家公认的好课，只要坚持，再坚持，就能超越自己。于是，我把一次次试讲当作一次次冲锋，硬是用毅力坚持了下来。

临近比赛了，还有一个致命的弱点——课堂上爱重复学生的话。为了改掉这个习惯，师父给我出一个主意，在手背上写着"不重复学生的话"。比赛那天，我就在手背上写着那几个字时刻提醒我不要再犯错。功夫不负有心人，我在比赛中拿了一等奖，还是小组第一名。打那以后我就有点儿飘飘然了，见了谁都故作清高。这时候，又是师父找我促膝长谈。她说我的教学悟性高，将来一定走得更远，但是有点儿成绩千万不能骄傲，一定要谦虚低调，学会做人。师父的一席话，让我意识到了会做人才会育人的道理。也许周围有很多人都看出了我的高傲，但是没有人会提醒我，只有师父把我当自己儿子一样坦诚相待。在市里获奖后，师父又鼓励我参加教学能手赛教，参加省里的课堂教学大赛，我都取得了优异成绩。因为有师父，我就有信心。参加比赛拿奖不是最终的目的，而是为了不断提高自己的教学水平。

我是伴随着新课改成长起来的，幸亏有师父这位掌舵人，才不至于被课改的浪潮吞没。记得那时因为受到新理念的影响，语文课堂特意求新，花架子特多，一味模仿一些名师的课堂，中看不中用，以至于很多人再呼吁让语文回归本真。而我那时的语文课一直注重学生的听说读写训练，注重"双基"训练，那都是师父的教导。师父说得最多的就是"万变不离其宗"，语文教学再怎么改革，一定要让学生掌握基本的语文知识和语文素养。现在看来，师父的观点就是落实语文核心素养。

师父虽然年龄较长，但是始终保持着学习的状态，她总说当老师一定要"活到老，学到老"。有一次师父出去参加国培学习，她已经是班里最年长的教师，可完成作业比青年教师还要快，那次她还被评为"优秀学员"。师父知道的总是言无不尽，师父觉得值得学习的一定分享给我。到现在我还一直保留着师父送给我的一本书，是《把爱献给教育的人——霍懋征》，我觉得师父就是一位把爱献给教育的人。师父好学还谦逊，她经常说听青年教师的课也是一种学习，所以学校青年教师的语文课她都听过。按说她完全可以和同龄的同事一样，享几年清闲就退休了，可是她不但没有清闲，反而更加辛苦，不是为自己辛苦，而是为了更多青年教师。凡是学校派出参加语文赛教的老师，她总是亲自挂帅，组成团队，像给我指导那样熬夜加班。也正是师父，学校涌现了一批又一批优秀的语文教师。

转眼18年过去了，师父手把手教我上课，教我做人，看着我娶妻生子，成家立业。如今师父已经退休了，偶尔见到时，还在关心我的成长。当得知我又参加全国教学大赛时，更是比我还要高兴。我有时也在想，如果没有遇到这样一位师父，也许就没有我的语文故事，也是因为师父，我才这般喜爱语文。

我的师父，叫冯桂莲。

老师，请不要放下你那支毛笔

我们当老师的人，多数是从师范院校毕业，上学时学校都有一门书法课程，因此我们每个人都有一支属于自己的毛笔。上师范时"三字一画"是我们的必修课，"三字"即毛笔字、钢笔字、粉笔字，那时老师从来没有教过钢笔字和粉笔字，因为老师说写好毛笔字自然能写好钢笔字和粉笔字，事实也的确如此。

我接触的第一支毛笔就是上师范那会儿，记得是学校给我发的，是一支中号狼毫笔，同时发给我了四本字帖，分别是颜真卿、柳公权、欧阳询、赵孟頫的集字帖。我的书法老师姓徐，是一位数学专业教师兼带书法，没听过他讲数学课，书法课倒是给我的印象很深。徐老师操着一口川味普通话，手执一支大毛笔，讲台上放着一个大水杯，蘸上一下在黑板上唰唰几笔，一个笔画俊秀、结构紧凑、立体透亮的毛笔字就展现在我们面前，"以水当墨"应该是他书法教学最大的特点。看着毛笔在老师手里运用自如、笔走龙蛇，我便下决心要像老师那样写好毛笔字。可当自己拿起毛笔书写时，像是手上拿了千金铁柱一样，完全不受我的掌控，手腕还不停地颤抖。看看周围的同学，原来都和我一样，毛笔在手上都不听使唤。我们着急得直冒汗，可徐老师却不急不躁，稳若泰山。他说初拿毛笔写字都是这个样子，等你们什么时候让毛笔在手上"听话"了，你们便可出师了。现在看来，想让毛笔"听话"真不是一件容易的事，功夫不到家，毛笔可能永远都不"听话"。

徐老师教书法也是从基本笔画开始，练好笔画就教我们拿毛笔写大字，写得最多就是"永"。他说："练好永字八法，一支毛笔闯天下。"我们都信以为真，天天练习写"永"，越写越看不上眼，甚至写到恶心，没写几天就坚持不下去了。于是我们偷偷地练写其他字，老师也看出我们实在坚持不下去，就应了我们的要求，开始教我们练写其他的字。练字之前，我们需要从四种字帖中选择一种来临帖，我选择的是"柳体"，那时候觉得柳公权的字刚劲有力，棱角分明，符合年轻气盛的我。自此之后，我们每上一节书法课，都给老师交一张自己临摹的作品，老师批阅的方式也独特，他会用红笔把写得较好的字圈起来，每当作业发下来时，我们都迫不及待地数数自己得了几个"圈"。也就是从那时候开始，我对写毛笔字有了一点儿兴趣，每节课都倾注全部的精力，全神贯注地听讲，身心投入地书写。3 年的书法练习，每周只有一节课，课余时间我也从来没有抽出时间刻苦练习，因此我的毛笔字在班级里只能算个中等成绩。虽然自己写得不好，但是我特别喜欢那些好看的字。学校有个书法长廊，里面全部是优秀的作品，每到周末我都会把所有的作品浏览一遍，心想：要是自己也能写一幅展在里面那是多么荣耀的事啊！可是这个愿望直到毕业也没有实现，因为的确钻研不够，练习不够，悟性不够，坚持不够。就拿坚持不够来说吧，我选择学习"柳体"，写了一段时间发现自己临摹的字和字帖上的字差距太大了，又看身边同学很少有选"柳体"学习的，于是就放弃了学习"柳体"。看到有的同学"欧体"写得不错，就开始学"欧体"。欧体字形瘦高，笔画灵动，练习一段时间又发现临摹得不像，又改为"赵体"。"赵体"挥洒豪放，笔画自如，有行书的感觉，而且班里几位字写得好的同学都在练"赵体"，谁知我的"赵体"也没有练出个样子来。唯有"颜体"我没练过，自我感觉"颜体"笔画粗犷，字形敦厚，不属于我喜欢的类型，但是后来才知道，初学者学习"颜体"最容易上手，现在少儿书法基本学习的都是"颜体"。由于自己没有选择一种字体而钟爱、而坚持，导致 3 年书法学习只触及了皮毛。但是学与不学还是有很大区别，3 年的书法课，至少毛笔拿在我手里写字不再颤抖了，这是我最大的收获和满足。

上学时练毛笔字是为了应付成绩过关，参加工作以后多数人几乎和毛笔说再见了。高速发展的信息化冲击着传统文化，人们的价值观和世界观都发生了改变，各行各业都在追求效益，写字也是一样，一个键盘、一台电脑、一台打印机，想要什么样的字体就能打出什么字体来，欧、柳、颜、赵都不在话下。人工智能机器人也能写出毛笔字，传统的毛笔书写新春楹联也变成了电脑替代。曾经家家户户都具备的毛笔成为当今社会的稀罕之物，如果谁要是还能用毛笔写上几个字来，众人皆认为他是俗世奇人。就是我们这些当老师的人，现在能拿起毛笔写字的能有几人？少之又少！能写一手漂亮的毛笔字更是罕见。

其实，我也是如此。走上讲台，成为教师，每天忙碌成为拿不起毛笔的理由。偶尔心血来潮，"随笔飘舞"，一阵"狂画"，其原因是心不能静，按捺不住浮躁。所幸的是这样的状态在我遇到一位老师后逐渐随风消逝。他也是语文教师，自称"琢玉堂堂主"，酷爱书法，我感觉他拿的毛笔就像孙悟空的如意金箍棒，自然流畅，笔随心动。我和他当年在一个办公室，上完课，批改完作业，他喜欢在办公室里拿上毛笔操练操练，我时常凑在旁边默默欣赏。他写到尽兴处还给我讲讲字的起源，聊聊用笔之道，时不时让我试试手。这样的环境，让我重新点燃了当年上学时练字的激情。练毛笔字会给学生带来哪些影响呢？我记忆犹新的是我们教务主任在期末检查作业总结时会这样评价他："班上所有学生的作业行款整齐，书写规范，字有书体，有老师写字的模样。"那时，我才知道原来老师教学生写字其实不用特意去教，把黑板上的每个字写好，就是最好的写字教学。

从此之后，我有空闲了就拿起毛笔练字，虽然进步极慢，但是我很努力。练毛笔字也让学生重新认识了我，更加信任我。偶尔有同学见我在办公室写毛笔字，便回班里像公布国际新闻一样："告诉大家一件事，咱们陈老师还会写毛笔字！"消息一出，学生们把办公室围了个水泄不通，都想目睹一番奇景。可见现在写毛笔字的人真的太少了。学生们见我练写的一些草稿，纷纷要拿回去珍藏，我刚好借此机会激励学生。我和同学们约定，谁在课堂上表现出色，谁作业完成优秀，谁文章写得有水平，我就可以送一幅我亲笔书写的毛笔字。没想到效果出乎意料，通过送毛笔字来激励学生，学生们学习的积极性越加高涨；学生越向我讨字，我越刻苦练习。真是我激励了学生，学生成就了我呀。但是现在想想那时写的毛笔字也只有在小学生面前还能看看，和高手相比简直是"小巫见大巫"。更没有想到的是真有学生视若珍宝——有家长朋友告诉我，孩子都上大学了，卧室里还贴有我给写的毛笔字。

在"琢玉堂堂主"的影响下，学校里出现一批毛笔书法爱好者，凡与堂主聊天，三句不离书法。我经常回忆，我的毛笔字进步最大的时段都是和堂主在一个办公室的时候。所以啊，写毛笔字和学英语是一样的，都需要环境。然而因为种种原因，如今我们国人丢掉了自己的灵魂，漠视自己的文化，这样的现象也引起了国家的重视，最近几年国家把弘扬优秀传统文化纳入课程领域，国家统编了语文、历史、道德与法治三科教材，及时修复外来文化对国人价值观的侵蚀。习近平总书记提出"文化自信"，更加坚定了我们传承和弘扬中华优秀传统文化的决心。教育部已经开展了"书法进校园"活动，在一年级开始开展"开笔礼"。学校里也专门开设了"毛笔书法"课程，并开展了相关社团活动，从小学开始就把书法文化的种子埋在每位少年儿童的心里。

在这样的大势下，作为教师的我们，更要常拿起自己的毛笔。书法历史悠久，源远流长，历史变迁，朝代更替，都没有冲淡其价值。我们练习毛笔书法，通常是从临帖开始，而多数帖文都是文学佳作。《兰亭序》被世人称为"天下第一行书"，是王羲之的天成之作，那时，那人，那景，那诗，那酒，那情，那笔融为一体，造就了绝世佳作。有人戏称，王羲之后来想写出一幅更好的《兰亭序》，但终究未成。

我对书法的研究太少，略知皮毛，但是我记得有一句话叫"书不入晋不为书。"大概是说，王献之、王羲之二人已经将毛笔书法带到了一个无人能入的境界，后来学书者必从"二王"开始，否则难成一家。据说，后来的书法名家也都从学习"王体"开始，练习到炉火纯青时便能自创流派，独成一家。于是，我也开始练写"王体"。为此，我买了一本《兰亭序》，有时间了就开始临摹，实战起来，才知道什么叫"滴水穿石，非一日之功"。

《兰亭序》从整体上看有章法之美，从每个字看有神韵之美，特别是笔画之间形断意连，每一个字都像一个有生命的符号，涌动着一股不可控制的力量。刚开始临写，只能一字一字临摹，读起来断句都困难。后来我就不急着下笔，把全文一遍一遍先读通，读着读着，就发现这是一篇文质兼美又富哲理的散文。再读，发现其文字精练，极具韵味，是一篇耐人寻味的诗。所以，每次临写时，虽然字形笔法相差甚远，但我依然如痴如醉，没有醉在字里，而是醉在文中，醉在会稽山下。全文300余字，像我这样的书写速度，最快时我用了一个小时。记得那是一个暑假，我把自己关在书房里，没有空调，光着臂膀临写，汗水都滴在了纸上。当临完通篇时，胳膊已经无力，手腕已经僵硬，因为我临写的是大字，必须要悬腕才行。断断续续临写两年之久，但是似乎还没有入门，每每对比，就想放弃。每每想放弃时，又想想王羲之下的功夫，再想想自己的付出，差距大是自然的。据说王羲之在水塘洗笔，把一池水洗成墨池，这得洗多少次笔，练多长时间字啊！所以他才能达到入木三分的境界。我乃凡夫俗子，偶尔动笔，岂能相提并论！但是临《兰亭序》，与自己比，让我收获颇大。首先是积累了《兰亭序》中的佳句好词，临写多遍，从未特意背诵，现在竟能随口而出，这就是多读多写的功效。有一次在上海培训，我仿照《兰亭序》的写作方式分享了我的学习收获，令大家赞赏不已，这是我临帖最大的成就。其次，突然间发现钢笔字和粉笔字较以前都有了很大的变化，这就是为什么要练毛笔字的原因。当你的粉笔字和钢笔字练习到无法进步的时候，你就得拿起毛笔来练字了，所谓"峰回路转"，只有在写毛笔字时才能体会。

　　近两年，我开始了楷书的练习。因为我是小学语文教师，提笔写字必须写楷体。无论练什么字体，关键在于练起来，就能体会到其中的乐趣。陆游有言："纸上得来终觉浅，绝知此事要躬行。"练习楷书，更加考验一个人的心境，因为不可急躁，不可心有杂念。

　　写楷体，练行书，现在又回到了练楷体，如果用一条线来描绘练字的轨迹，就是一条起起伏伏的曲线。这次，我选择了田英章的"欧楷"，从基本笔画练起。也许是经历多了，年龄大了，不再是像原来那样拿笔就想写完整的字，写完整的作品，而是把每一个笔画反复练习，直至临写得和原贴差不多再换下一个笔画。有了前些年写字的基础，现在练习写笔画时似乎有了悟性，突然间明白了诸多用笔方法，比如"切笔写横""转笔写钩""跪笔弹锋"等。特别是"跪笔弹锋"，其实就是写一个"钩"，但是要通过手、婉、笔肚、笔锋配合发力方可成形，这个笔画说起简单，练写起来真的不容易。就为练这一个笔画，我反复看视频、试笔数遍，终于掌握了其中的奥妙。

练好笔画是基础，掌握汉字的偏旁、结构也至关重要。因为在书法中，结为血肉，构为筋骨。有结无构，字无风貌；有构无结，字则不立。要写好毛笔字，仅靠练还远远不够，还需要"学而思"。学就是临帖，思就是读帖，要不断总结、反思。欧楷有"三十六法"，每一种方法既是构字方法，又是书写技巧，需要在临写时三思而后动笔。

每当拿起毛笔时，我似乎进入了一个人的世界，那么安静，那么纯洁。当写出一个满意的字时，我喜上眉梢；当写出一个不满意的字时，我满脸愁容。真正懂得毛笔书法的人，他写的不仅仅是一个汉字、一个符号，而是在书写文化，书写精神，书写历史，更是在书写人生。汉字是语言的外衣，是文化的根源，从仓颉造字开始，汉字承载了几千年的中国文化。写好汉字就是在尊重和传承文化。我们经常说"字如其人"，汉字就像人一样，有生命，有思想，有品质，讲规矩，讲法度，讲原则。当我们怀着这样的认知去书写汉字时，自然就能敬畏汉字，心怀虔诚。

作为教师要有四种需要：需要激情似火，需要功底厚实，需要爱心荡漾，需要开拓创新。拿起毛笔练好字，这是教师最基本的功力。我们常常叹息现在的学生书写能力较差，埋怨电子产品对学生书写影响大，但我们很少从自身反思我们对于学生的书写影响有多少。因为工作需要，我经常参加教师资格考试或是教师招考、选调等面试，多数面试者的字在黑板上真的不堪入目，甚至出现错别字，但是他们个个都有高学历。一名教师必备一身正气、一副口才、一肚学识、一手好字。书写水平在一定程度上代表着自己的形象，因此拿起毛笔来练字就是给自己最好的"美容"。

有人问我："你的字写得不错了，为什么还要花时间练，想当书法家？"

我从来都没有想当书法家，也有自知之明——没有那天赋。我拿起毛笔，只是为了写好字，因为我是一名语文教师，我所追求的评价是："真不愧为师者，字如其人也。"当然，我练毛笔字并不是想得到谁的认可或者赞赏，而是我每天都要面对一群孩子。在他们面前写字，就是为了让他们感受到汉字的无限魅力和神形兼美，为孩子们做好示范，如此而已。为这个简单的目标，我坚守近 20 年，相信我还会继续坚持下去。

后记·因为喜欢

著书这个想法诞生已经很长时间了，迟迟没能落地，主要原因是我一直在考虑这些文字是否有存在或者值得阅读的价值。直到 2018 年年底，我开通了个人微信公众号"忠云教语文"，偶尔会把自己对小学语文教学的一些主张、看法，还有一些教学随笔、教学叙事、磨课经历等发布在公众号里，没想到老师们关注度挺高，阅读者来自全国各地，其中不少老师留言："如果能读到陈老师的书就更好了。"这样的留言，让我深感惭愧，于是下定决心来试一试。

最近两年，我一边整理，一边创作，多数时间是在晚上 10 点后进行，因为 10 点前要陪孩子一起学习、读书。工作日，我要给孩子们上语文课，同时还承担了学校的行政管理工作。周末时间，陪父母，陪妻子，陪孩子。我认为一个把家庭放在第一位置的老师，他才可能享受到职业的幸福感。

有人问我："在深夜里码文字不累吗？"不累，因为喜欢。青年男女因喜欢可以逛一天马路；冬泳队员因为喜欢可以钻进刺骨的江水中；探险者因为喜欢敢冒着生命危险开拓。我，喜欢语文教学，即使语文教学"虐"我千百遍，而我对她仍似初恋。

因为喜欢，我在语文教学中找到了乐趣。是语文，让我始终保持课堂的激情，因为她自身就有无限的魅力，总能带给我美好的遐想。每每捧起语文课本，总有一种亲近自然的感觉，每个汉字都像灵动的音符，每篇课文就像瑰丽的山水，让我沉醉其中，不能自已。与一群孩子在一起学习，仿佛自己也回到了童年。一句幽默的语言，一副天真的表情，一个顽皮的动作，这一切让课堂充满了欢声笑语。现在，我才知晓教孩子学习语文的过程也是享受乐趣的过程。

因为喜欢，我在语文教学中学会了成长。我把"让孩子喜欢"作为课堂教学的奋斗目标，用这个目标激励自己不断提升个人素养。从学校到市里、到省里、到全国，每一次赛课的经历对我而言都是"脱胎换骨"似的蜕变。从省级教学能手到省级学科带头人，我不断地告诉自己，只有磨炼，才能上出学生喜欢的语文课。

因为喜欢，我在语文教学中爱上了写作。写作是多数教师的软肋，我之所以能写点儿小文章，得益于从事语文教学。成天与文字打交道，不知不觉对文字就有了亲昵感，记录一点儿教学故事，写一点儿教学感悟，总结一点儿教学得失，梳理一篇教学设计，如此一来，便对遣词造句、布局谋篇情有独钟了。每当阅读曾经写下的那些文字，或许稚嫩，或许羞涩，或许朴素，但记忆痕迹总是那么清晰。

因为喜欢，我在语文教学中爱上了读书。多年的经历告诉我，语文老师不读书，课堂就无法活起来。读专业的理论书籍，可以让自己更加有底气；读名师的课堂教学艺术，可以让自己少走弯路；读儿童文学，可以让自己更加亲近孩子的心灵。我不是一个天生就爱读书的人，因为语文教学，我方才体会到了读书的作用。一旦把读书作为一种习惯，内心和情感就愈加丰富。我不但自己读，还带领孩子们一起读，把整本书阅读带进课堂，做孩子们的朗读者，与孩子们一起享受"悦读"。读书这件事，已经成为我和孩子之间的一种挂牵。

因为喜欢，我在语文教学中汲取了力量。人非圣贤，琐事烦心在所难免。但是，当我站在讲台上，面对天真可爱的孩子时，我的内心就会一片明净，浑身充满了力量。这力量源自语文学科自身，因为语文本身就是人文性与工具性的统一，潜移默化地赋予着正能量。这力量也源自学生，正所谓"弟子不必不如师，师不必贤于弟子"，青出于蓝而胜于蓝，为师者足以自豪万千。

因为喜欢，我不离不弃，坚持在一线带班。
因为喜欢，我乐于思考，坚持每课必反省。
因为喜欢，我摆脱庸俗，坚持练字到深夜。
因为喜欢，我追求卓越，坚持学习不停息。
因为喜欢……

陈忠云
辛丑年初春于安康